Johaneris Ávalos
Gabriel Rojas
Carlos Jacomino

La evolución de los lenguajes de programación

La evolución de los lenguajes de programación

Johaneris Ávalos
Gabriel Rojas
Carlos Jacomino

La evolución de los lenguajes de programación

de los primeros códigos a la inteligencia artificial

Editorial Académica Española

Imprint

Any brand names and product names mentioned in this book are subject to trademark, brand or patent protection and are trademarks or registered trademarks of their respective holders. The use of brand names, product names, common names, trade names, product descriptions etc. even without a particular marking in this work is in no way to be construed to mean that such names may be regarded as unrestricted in respect of trademark and brand protection legislation and could thus be used by anyone.

Cover image: www.ingimage.com

Publisher:
Editorial Académica Española
is a trademark of
Dodo Books Indian Ocean Ltd. and OmniScriptum S.R.L publishing group

120 High Road, East Finchley, London, N2 9ED, United Kingdom
Str. Armeneasca 28/1, office 1, Chisinau MD-2012, Republic of Moldova, Europe
Printed at: see last page
ISBN: 978-613-9-46739-6

2024

La evolución de los lenguajes de programación: de los primeros códigos a la inteligencia artificial

Autores:

Johaneris Sayrín Ávalos Fernández

Gabriel Antonio Rojas Uriarte

Carlos Alexander Mendoza Jacomino

i

Contenido

Para el lector

¡Bienvenido a un viaje fascinante a través de la evolución del software y la programación! En este libro, descubrirás cómo hemos pasado de los primeros códigos binarios a las complejas y poderosas herramientas de inteligencia artificial de hoy en día. Te guiaré a través de una narrativa estructurada, donde cada capítulo desentraña la historia y la transformación de los lenguajes de programación, su impacto en la tecnología, y cómo estos avances han moldeado nuestro mundo digital actual.

Comenzaremos explorando los fundamentos, desde el sistema binario hasta los lenguajes pioneros como FORTRAN y COBOL, y avanzaremos hacia paradigmas más modernos y lenguajes influyentes. Además, analizaremos el papel que juegan los lenguajes contemporáneos en el desarrollo de la inteligencia artificial, mostrando cómo han revolucionado el análisis de datos y la automatización.

Este libro está diseñado para ser tanto una guía educativa como una inspiración para aquellos interesados en la informática. A través de ejemplos prácticos y un enfoque histórico, te sumergirás en las raíces de la programación y comprenderás su importancia en el contexto actual. Cada capítulo está cuidadosamente organizado para que puedas seguir el hilo del desarrollo tecnológico de manera clara y comprensible, haciendo de esta lectura una experiencia enriquecedora.

¡Prepárate para descubrir cómo el mundo de la programación ha evolucionado y hacia dónde nos llevará en el futuro!

Capítulo 1: Los inicios del código – del binario al ensamblador

L aprogramación de computadoras, una práctica cotidiana en la actualidad tiene sus raíces en un sistema fundamental que a primera vista podría parecer extremadamente simple, pero que, en realidad, se encuentra en el corazón de toda la informática: el código binario. Este sistema, basado en la lógica digital, es la clave para comprender cómo los sistemas electrónicos procesan la información. El código binario emplea solo dos símbolos, generalmente "1" y "0", para representar información y ejecutar instrucciones en un formato que los dispositivos electrónicos pueden interpretar fácilmente. Aunque hoy el código binario es omnipresente en el desarrollo de software, sistemas operativos, y casi cualquier aplicación digital, su origen está profundamente enraizado en la historia del pensamiento humano. Comprender este sistema implica explorar sus orígenes históricos, su evolución y, particularmente, las contribuciones de ciertos matemáticos y filósofos cuya visión permitió establecer las bases sobre las cuales se construiría el mundo digital. La historia del código binario es, en este sentido, un reflejo de cómo la lógica abstracta y la innovación matemática han moldeado las herramientas que hoy consideramos esenciales para la vida moderna.

Uno de los primeros en abordar ideas similares al sistema binario fue el matemático y gramático indio Pingala, activo alrededor del siglo III a.C. Este matemático, cuya obra se centraba en el análisis de la métrica poética, desarrolló un sistema que, aunque no era binario en el sentido moderno de representar números, presentaba una estructura lógica de dos estados que resulta análoga a los conceptos que luego inspirarían el desarrollo del código binario. Según Franco (2008), Pingala "realizó la primera descripción que se conoce del sistema binario, coincidiendo con el descubrimiento del número cero". En su obra *Chandaḥśāstra*, dedicada al estudio de la métrica poética en sánscrito, Pingala empleó un esquema dual que se basaba en la combinación de sílabas largas y cortas para generar patrones métricos. Este esquema dual no tenía un fin numérico, sino que era una herramienta lingüística, pero, desde una perspectiva moderna, revela un nivel sorprendente de sofisticación y anticipa principios básicos de la lógica binaria.

Pingala asignaba valores específicos a cada tipo de sílaba: "guru" (larga) y "laghu" (corta). Estos valores no se usaban con propósitos numéricos, sino que se aplicaban en la construcción de patrones poéticos. No obstante, poseían una estructura lógica de dos estados, la cual es análoga al "1" y "0" del código binario moderno, aunque no fueran considerados en términos de aritmética o de lógica computacional en el sentido actual. Como señala Ifrah (2001), "el sistema métrico de Pingala puede considerarse una aplicación primitiva de la lógica binaria". Aunque no contaba con las herramientas o la intención de aplicar su sistema en el ámbito matemático que hoy conocemos, sus ideas iniciales y la estructura de sus patrones duales muestran una comprensión incipiente de los principios que, siglos después, fundamentarían la lógica computacional. Este tipo de pensamiento binario aplicable en una base lingüística, si bien limitado, representa un avance significativo en el reconocimiento de los patrones duales en el conocimiento humano, lo cual es destacado por estudiosos de la historia de las matemáticas. Como sugiere Joseph (2000), el trabajo de Pingala evidencia una comprensión temprana de los principios binarios que serían cruciales en la lógica computacional siglos después.

La comprensión de una estructura de dos estados como la que Pingala introdujo en el contexto de la métrica poética encontró un nuevo desarrollo muchos siglos después en el trabajo de Gottfried Wilhelm Leibniz, filósofo y matemático alemán del siglo XVII, quien es considerado el fundador del sistema binario moderno. A diferencia del esquema dual de Pingala, que era predominantemente lingüístico y se aplicaba a patrones poéticos, Leibniz desarrolló un sistema numérico binario que podría ser utilizado en el campo matemático. Su versión del sistema binario es esencialmente la misma que se emplea hoy en día en la informática moderna. Leibniz no solo veía el sistema binario como una herramienta matemática práctica, sino que también atribuía a los números un simbolismo más profundo, con trasfondos filosóficos y teológicos. Creía que el uso de "unos" y "ceros" simbolizaba la creación a partir de la nada, un concepto que para él era fundamental tanto en su visión de la realidad como en su concepción de Dios. Esto lo llevó a desarrollar una teoría del código binario como expresión de una forma pura y minimalista de matemática.

En su obra *Explication de l'Arithmétique Binaire* (1703), Leibniz propuso que el sistema binario representaba la forma más pura y sencilla de matemática, ya que utilizaba el mínimo de elementos necesarios para crear el mundo de los números. Leibniz afirmó: "El sistema binario representa la más pura y más sencilla forma de matemática posible, ya que emplea el mínimo de elementos necesarios para crear el mundo de los números" (Leibniz, 1703, p. 12). Su afirmación revela no solo un interés en la eficiencia del sistema binario, sino también en la idea de que toda la realidad podía ser descrita mediante una estructura matemática binaria, simple y universal. Este enfoque filosófico destaca el ideal de economía en las matemáticas, y su visión del sistema binario como una manifestación de un orden primordial que une la matemática con lo divino es fundamental para entender su entusiasmo por esta innovación matemática. Según Russell (1945), "Leibniz veía en el sistema binario una aproximación a una verdad universal que reflejaba los principios de la creación".

El desarrollo del sistema binario fue un avance significativo en el ámbito de las matemáticas, que finalmente influiría profundamente en el mundo de la computación y en la manera en que interactuamos con la tecnología. El salto desde las aplicaciones métricas de Pingala hasta las aplicaciones matemáticas y filosóficas de Leibniz marca una evolución no solo en el entendimiento de los patrones binarios, sino en su potencial para representar una amplia variedad de conceptos abstractos y numéricos. Esta transición hacia un sistema numérico universal y simbólico demuestra cómo las ideas aparentemente simples pueden evolucionar y adquirir una gran relevancia con el tiempo. Hoy, el código binario es la base de la informática y se emplea para representar todo tipo de datos, desde texto y números hasta imágenes y sonidos, a través de sistemas digitales. La capacidad de representar toda esta variedad de datos utilizando solo dos símbolos, "1" y "0", muestra la elegancia de la idea original de Leibniz y la intuición primaria de Pingala, quienes, aunque separados por siglos y contextos culturales, compartieron la visión de un sistema basado en patrones de dos estados.

Finalmente, George Boole desarrolló el álgebra booleana en 1854, proporcionando una forma algebraica para manipular proposiciones lógicas en su obra *An Investigation of the Laws of Thought*. Aunque inicialmente sin aplicación práctica, en 1938 Claude E. Shannon la utilizó para crear el álgebra de conmutación, demostrando su utilidad en el diseño de circuitos lógicos de control para sistemas eléctricos biestables, como relés e interruptores. Este tipo de álgebra es fundamental en sistemas automatizados modernos como computadoras y sistemas telefónicos. Las señales digitales, especialmente las binarias, representan la información en dos estados (conectado-desconectado, verdadero-falso, 1-0), esenciales para la codificación en sistemas digitales (Jimenez, 2008).

El trabajo de Boole es considerado uno de los primeros pasos en la unificación de la lógica y la matemática, estableciendo las bases de la informática moderna. Como explica Russell (1945), "la invención del álgebra de Boole no solo influyó en la lógica y la filosofía, sino que también fue instrumental para el desarrollo de los sistemas electrónicos modernos, permitiendo que se construyeran sistemas complejos mediante el control de simples operaciones binarias" (p. 255). La aplicación del álgebra booleana es, por tanto, fundamental en la programación, el diseño y la optimización de circuitos digitales, así como en la organización lógica de datos en sistemas computacionales.

El sistema binario es un sistema de numeración que utiliza únicamente dos dígitos: 0 y 1. A diferencia del sistema decimal, que emplea diez dígitos (del 0 al 9), el sistema binario se basa en la base 2. Este sistema representa todos los valores numéricos mediante combinaciones de estos dos dígitos, lo cual lo hace especialmente adecuado para su implementación en sistemas digitales y computadoras, donde se usan estados eléctricos de encendido y apagado para simbolizar los valores de "1" y "0", respectivamente (Leibniz, 1703). A través de esta dualidad de estados, el sistema binario logra una adaptación óptima en el ámbito de la informática, ya que es inherentemente compatible con los circuitos eléctricos, los cuales operan a través de flujos de corriente o su ausencia, representados de forma ideal por los valores binarios de "encendido" (1) y "apagado" (0).

Además de su estructura lógica simple y directa, el sistema binario tiene una gran capacidad para manejar operaciones complejas al combinar secuencias largas de unos y ceros. En este sentido, el sistema binario no es solo una forma de numeración, sino también una herramienta para representar y ejecutar procesos lógicos y aritméticos dentro de los sistemas digitales. Cada dígito binario, o bit, actúa como un interruptor que se puede combinar con otros bits para generar patrones complejos, que representan datos, instrucciones, o resultados de cálculos en la computadora. Esto le confiere al sistema binario una versatilidad inigualable en términos de eficiencia, minimizando la ambigüedad y maximizando la claridad en la representación de información para su procesamiento.

Características Principales del Sistema Binario

Base 2: El sistema binario es un sistema de base 2, lo que significa que cada posición en un número binario representa una potencia de 2, empezando desde la derecha con 202^{020}, 212^{121}, 222^{222}, y así sucesivamente. De esta manera, el número binario 101 en decimal representa:

$$1 \times 22 + 0 \times 21 + 1 \times 20 = 5$$

Representación Simbólica Simple: Debido a que solo se requieren dos símbolos, el sistema binario es sencillo y eficiente para representar datos en sistemas digitales. Cada dígito binario, o "bit", es la unidad mínima de información en una computadora y puede representar dos estados: activo (1) o inactivo (0). Esta dualidad hace que sea particularmente adecuado para la electrónica y la computación, donde los circuitos utilizan estados de "encendido" y "apagado" (Morris & Ma, 2015).

Operaciones Lógicas: El sistema binario se presta a operaciones lógicas simples, tales como AND, OR, y NOT, lo que permite la construcción de circuitos lógicos digitales. Estas operaciones son fundamentales en el diseño de procesadores y en la implementación de algoritmos computacionales. Como describe Morris y Ma (2015), "el sistema binario permite realizar cálculos complejos mediante combinaciones de operaciones lógicas, que son la base del procesamiento en las computadoras" (p. 34).

Aplicación en la Computación y el Almacenamiento de Datos: Dado que los datos pueden ser representados mediante cadenas de bits, el sistema binario permite codificar no solo números, sino también caracteres, imágenes y sonidos. Por ejemplo, en el sistema ASCII, cada carácter se representa con una secuencia de 8 bits, mientras que en el sistema de colores RGB, cada canal de color se expresa con un byte de 8 bits (Morris & Ma, 2015).

Expansibilidad y Eficiencia en el Procesamiento de Datos: Una de las principales ventajas del sistema binario es que permite el almacenamiento y procesamiento eficiente de grandes volúmenes de datos. La representación binaria de la información facilita el diseño de algoritmos y el desarrollo de sistemas de almacenamiento que pueden organizar y manipular cantidades masivas de información de manera rápida y precisa (Knuth, 1997).

El sistema binario, que utiliza únicamente los dígitos 0 y 1, es la base fundamental sobre la cual se construye toda la tecnología digital moderna. Su simplicidad y eficacia para representar datos lo convirtieron en el sistema ideal para el procesamiento de información en las primeras computadoras electrónicas. A través de una serie de innovaciones en la década de 1940, el sistema binario pasó de ser una abstracción matemática a una herramienta práctica en la informática, sirviendo como el lenguaje básico que las computadoras emplean para ejecutar operaciones lógicas y aritméticas (Ceruzzi, 2003).

Las primeras computadoras electrónicas, como la ENIAC (Electronic Numerical Integrator and Computer) y la EDVAC (Electronic Discrete Variable Automatic Computer), marcaron un cambio radical en la tecnología al utilizar componentes electrónicos en lugar de mecánicos. Sin embargo, fue la EDVAC, diseñada en 1945, la que adoptó de manera efectiva el sistema binario en lugar del decimal, lo que mejoró significativamente su eficiencia y fiabilidad (Williams &

Kilburn, 1951). La elección del sistema binario permitió simplificar el diseño de los circuitos lógicos de la computadora, reduciendo la complejidad de las operaciones y los recursos requeridos para representar datos y realizar cálculos.

Von Neumann, uno de los pioneros en la arquitectura de computadoras, propuso que una computadora debía tener una estructura de "programa almacenado" en la cual las instrucciones se codificaran en binario junto con los datos. En su informe de 1945, Von Neumann afirmó que "el uso de código binario y la organización de programa almacenado son esenciales para el desarrollo de máquinas rápidas y confiables en el procesamiento de información" (Aspray, 1990, p. 34).

La adopción del sistema binario también facilitó el uso de operaciones lógicas simples como AND, OR, y NOT, que se pueden implementar en circuitos eléctricos. Shannon, en su tesis de maestría en 1937, demostró cómo el álgebra de Boole podía aplicarse a circuitos eléctricos mediante interruptores que representaran los estados binarios "encendido" (1) y "apagado" (0). En palabras de Shannon, "la representación binaria es natural para los circuitos eléctricos, ya que la conmutación entre dos estados permite un control lógico preciso y fiable" (Shannon, 1937, p. 12). Esta teoría fue esencial para la creación de circuitos lógicos y memorias en las primeras computadoras, permitiendo que el sistema binario fuera la base de las operaciones digitales.

A medida que los avances tecnológicos permitieron el desarrollo de transistores y circuitos integrados en la década de 1950, el sistema binario se consolidó como el lenguaje universal de la computación digital. La naturaleza binaria del procesamiento digital facilitó la miniaturización y la eficiencia en las operaciones, lo que resultó en el desarrollo de computadoras más rápidas y compactas. Según Tucker (2004), "la eficiencia del sistema binario permite una gestión óptima de los recursos en los sistemas de procesamiento modernos, consolidando su papel como la piedra angular de la tecnología digital" (p. 58).

La informática contemporánea continúa basándose en esta estructura binaria, que permite que desde el hardware hasta el software funcionen de manera coherente y eficiente. Como describe Ceruzzi (2003), "la elección del sistema binario en las primeras computadoras no solo resolvió limitaciones técnicas, sino que también estableció un estándar que ha perdurado a lo largo de la historia de la informática" (p. 77). La versatilidad y precisión del sistema binario siguen siendo fundamentales para los sistemas digitales actuales, desde dispositivos de consumo hasta supercomputadoras.

Un **bit**, o "dígito binario" (del inglés *binary digit*), es la unidad mínima de información en un sistema digital. Cada bit tiene solo dos posibles valores: 0 o 1, que representan los estados binarios "apagado" y "encendido" en términos eléctricos (Patterson & Hennessy, 2013). Estos bits se agrupan en conjuntos de ocho llamados **bytes**. Según Stallings (2015), "un byte es la unidad básica de almacenamiento que utiliza el sistema binario para representar y manipular información en bloques manejables" (p. 74).

Un byte puede almacenar 256 combinaciones diferentes (2^8), lo cual permite que los datos se representen de manera más compacta y eficiente. Esta capacidad de un byte para representar múltiples combinaciones resulta fundamental en la codificación de caracteres, números y otros tipos de datos. Al contener hasta 256 valores diferentes, un solo byte permite almacenar una amplia gama de datos de manera económica en términos de espacio, lo cual es esencial para el procesamiento y almacenamiento de información digital. Esta versatilidad de un byte hace posible la creación de archivos binarios que pueden almacenar desde texto y números hasta contenido multimedia. Es precisamente en estos archivos binarios donde la capacidad de un byte para representar diferentes valores se convierte en un pilar de la tecnología digital moderna, dado que todos los datos, ya sean imágenes, sonidos o documentos, pueden ser representados a través de combinaciones de unos y ceros dentro de un marco organizado y eficiente (Brookshear & Brylow, 2014). Esto permite que los sistemas informáticos aprovechen al máximo el espacio de almacenamiento y la capacidad de procesamiento, optimizando así el manejo de grandes volúmenes de datos.

La importancia del byte se extiende a su papel en los esquemas de codificación de diferentes tipos de datos. A través de diversas técnicas, el sistema binario permite la representación de diferentes tipos de información en patrones de bits específicos que luego pueden ser interpretados por las máquinas. Desde números hasta caracteres de texto y colores en imágenes, el sistema binario y sus múltiples combinaciones posibles han dado origen a estándares de codificación que permiten que los sistemas computacionales interpreten y manipulen la información de forma precisa y consistente. Estos esquemas de codificación son fundamentales para que los datos puedan ser representados y procesados de manera uniforme en diversas aplicaciones y plataformas, lo que permite la interoperabilidad en entornos digitales.

Ejemplos de Codificación en Binario

El sistema binario permite representar distintos tipos de datos en formatos que pueden ser interpretados por las computadoras, facilitando la codificación de números, texto e imágenes a través de metodologías específicas de conversión. La conversión de datos en binario proporciona una estructura simple, pero poderosa, para la codificación, garantizando la integridad y precisión de la información que se intercambia entre sistemas.

1. **Números**: Los números se representan en binario mediante el sistema de base 2, donde cada posición en una cifra representa una potencia de 2, comenzando desde 202^020 en la posición más baja. Este método es similar al sistema decimal, pero con la salvedad de que solo se utilizan los dígitos 0 y 1. Por ejemplo, el número decimal 10 se representa en binario como 1010, ya que: 1×23+0×22+1×21+0×20=10 (Williams, 2020). Esta notación permite a las computadoras manejar cálculos de manera eficiente al reducir los valores a dos estados posibles, facilitando operaciones de almacenamiento y procesamiento. La simplicidad del sistema binario también permite que los cálculos y operaciones lógicas puedan ser realizadas de manera rápida y sin margen de error, contribuyendo así a la precisión de los sistemas digitales.

2. **Texto (Codificación ASCII)**: Los caracteres de texto se representan en binario mediante sistemas de codificación como el ASCII (Código Estándar Americano para el Intercambio de Información), en el cual, a cada carácter alfabético, numérico o de símbolo se le asigna un valor binario específico, que generalmente ocupa un byte. Así, la letra "A" se representa como 01000001, mientras que "B" se representa como 01000010 (Forouzan, 2013). Esta codificación es esencial, ya que permite que el texto pueda ser almacenado, interpretado y manipulado de forma consistente entre diferentes sistemas informáticos, manteniendo así la integridad del mensaje en cualquier entorno digital. ASCII fue el primer estándar que posibilitó la comunicación electrónica de texto y sigue siendo una de las bases fundamentales en la codificación de caracteres. Gracias a su simplicidad y uniformidad, ASCII permite que cualquier carácter sea reconocido de forma universal en sistemas compatibles, facilitando la creación de documentos de texto, correo electrónico y otros medios de comunicación.

3. **Imágenes (Formato RGB)**: En el caso de las imágenes, la representación de los colores en formato binario se logra a través de esquemas como el modelo de color RGB, donde cada color se expresa en un byte que representa su intensidad en los canales de rojo, verde y azul. Cada uno de estos colores puede variar en intensidad desde 0 hasta 255, permitiendo una combinación de colores versátil y detallada en los gráficos digitales. Por ejemplo, el color rojo puro se codifica como 11111111 00000000 00000000, donde los primeros ocho bits representan el rojo en su máxima intensidad y los otros dos canales están en cero, indicando la ausencia de verde y azul (Gonzalez & Woods, 2018). Este tipo de codificación es esencial en la creación de gráficos y fotografías digitales, ya que permite un control preciso sobre la composición de colores en una imagen, facilitando la edición, visualización y almacenamiento en un formato que es universalmente compatible con la mayoría de los dispositivos electrónicos. La capacidad de los bytes para codificar información de color en alta resolución ha permitido el avance de la industria visual y el desarrollo de tecnologías como pantallas de alta definición y cámaras digitales.

Esta capacidad del sistema binario para codificar diversos tipos de datos permite la versatilidad y eficacia de la tecnología digital en el almacenamiento, transmisión y procesamiento de información en aplicaciones informáticas y de telecomunicaciones.

El sistema binario, que emplea únicamente dos dígitos, 0 y 1, es la base esencial de la tecnología digital y de los sistemas de computación actuales debido a sus numerosas ventajas en términos de simplicidad y eficiencia. Esta simplicidad permite que los dispositivos electrónicos procesen datos de manera rápida y sin errores, una cualidad crucial en un entorno donde la velocidad y la precisión son fundamentales. La representación binaria ha sido adoptada ampliamente en sistemas digitales modernos precisamente porque sus dos estados posibles, "1" y "0", reflejan directamente los dos estados de voltaje que pueden mantener los circuitos electrónicos: encendido y apagado, o voltaje alto y voltaje bajo. Este sistema se ha convertido en una pieza clave para el diseño de circuitos electrónicos, pues simplifica la interpretación de datos y facilita la reducción de errores en el procesamiento, lo que lo hace altamente fiable para operaciones informáticas complejas.

La elección de este sistema binario no fue arbitraria; surgió como una solución natural y óptima para las necesidades de los sistemas electrónicos. El uso de solo dos estados reduce significativamente la complejidad de los circuitos al eliminar la necesidad de contar con múltiples niveles de voltaje que puedan representar otros dígitos o estados. En vez de esto, con un sistema binario, los ingenieros pueden aprovechar esta simplicidad para construir circuitos que sean más estables y menos propensos a fallos, algo que es especialmente importante en la computación moderna, donde la velocidad de procesamiento debe ser extremadamente alta. De este modo, el sistema binario no solo simplifica los circuitos, sino que también maximiza la eficiencia del procesamiento en dispositivos digitales, consolidándose como la opción lógica y natural para la tecnología digital.

Ventajas

Simplicidad en los Circuitos Electrónicos

Una de las principales ventajas del sistema binario es su capacidad para representar estados simples, lo cual es particularmente adecuado para la estructura y el funcionamiento de los circuitos electrónicos. Esta simplicidad radica en que los circuitos electrónicos operan a través de una lógica de dos estados: "encendido" y "apagado", que en binario se representan como 1 y 0. En la electrónica digital, este enfoque simplifica la construcción y el diseño de los circuitos lógicos, ya que los dispositivos pueden operar únicamente con voltajes altos y bajos, una característica que optimiza tanto el rendimiento como la estabilidad del sistema. Como se menciona en Stallings (2015), los transistores, que son los componentes fundamentales de los circuitos lógicos, funcionan al alternar entre dos estados: conducción (representado como 1) o no-conducción (representado como 0). Estos estados permiten que los circuitos electrónicos manejen datos de forma clara y precisa, al tiempo que reducen los riesgos de error asociados con variaciones en los niveles de voltaje.

Este enfoque binario también simplifica el diseño y la manufactura de los dispositivos electrónicos. Al limitarse a solo dos niveles de voltaje, los ingenieros pueden crear circuitos más simples, reduciendo la complejidad y el costo de producción. Además, los sistemas digitales binarios presentan una tolerancia mayor frente a variaciones menores de voltaje, ya que cualquier señal que supere un cierto umbral es interpretada como "encendido" o "1", mientras que aquellas por debajo de dicho umbral son interpretadas como "apagado" o "0". Esta clara diferenciación facilita la detección de señales correctas y minimiza el riesgo de errores en el procesamiento de datos, un aspecto crítico en aplicaciones de alta precisión, como las que se encuentran en la tecnología médica o en la exploración espacial.

Gracias a estas ventajas, el sistema binario ha permitido el desarrollo de dispositivos que operan a velocidades extremadamente altas y con gran precisión, factores que son esenciales en el mundo de la informática moderna. La simplicidad inherente de este sistema no solo facilita la interpretación y procesamiento de datos, sino que también permite el desarrollo de aplicaciones informáticas complejas que pueden ejecutarse de manera confiable en dispositivos digitales de todos los tipos. Desde el almacenamiento de datos hasta la ejecución de operaciones lógicas y aritméticas, la eficiencia del sistema binario en circuitos electrónicos es lo que ha permitido la masificación y el avance de la tecnología digital en múltiples campos de la vida moderna.

Reducción de Errores

El uso del sistema binario también minimiza los errores en la transmisión y procesamiento de datos. A diferencia de otros sistemas numéricos más complejos, el binario es menos susceptible a errores porque se basa en dos valores claramente distintos, lo que reduce la posibilidad de interpretaciones erróneas. Por ejemplo, en la transmisión de datos a través de cables o redes, las señales pueden degradarse debido a interferencias o pérdidas, pero la diferencia clara entre los valores binarios permite que los sistemas de corrección de errores identifiquen y reparen cualquier distorsión (Tanenbaum, 2013).

Como explica Brookshear y Brylow (2014, "el sistema binario permite que las técnicas de detección de errores, como los bits de paridad y los códigos de corrección, puedan aplicarse de manera efectiva, aumentando la confiabilidad en la transmisión de datos" (p. 102). Esto se debe a que, con solo dos estados posibles, es más fácil identificar errores y recuperarse de fallos, lo cual es esencial en aplicaciones donde la precisión y la integridad de los datos son críticas.

En resumen, el sistema binario es una herramienta poderosa en la tecnología digital actual. Su simplicidad facilita el diseño de circuitos electrónicos y ayuda a reducir errores en la transmisión y procesamiento de datos, lo que lo convierte en el sistema numérico ideal para aplicaciones electrónicas y computacionales.

Aunque el sistema binario es el lenguaje que las computadoras "entienden" de forma nativa, su uso directo para la programación es altamente impráctico para los humanos debido a la complejidad de interpretar y manipular largos conjuntos de unos y ceros (Stallings, 2015). Programar directamente en binario resultaba laborioso y propenso a errores, especialmente en programas complejos donde cada instrucción debía ser representada manualmente en código binario. Esto generó la necesidad de contar con lenguajes de bajo nivel que permitieran una interfaz más accesible para los programadores, sin perder la cercanía con el hardware de la máquina (Brookshear & Brylow, 2014).

El lenguaje ensamblador surgió en respuesta a esta necesidad. A diferencia del código binario, que emplea únicamente ceros y unos, el ensamblador utiliza un conjunto limitado de instrucciones simbólicas que corresponden directamente a operaciones en código máquina. Este enfoque simplifica enormemente el proceso de escritura de programas al permitir a los programadores emplear palabras de código o "mnemónicos" para representar operaciones como sumar, mover datos, y comparar valores, en lugar de manejar directamente secuencias de dígitos binarios (Patterson & Hennessy, 2013).

El **lenguaje ensamblador** es un tipo de lenguaje de bajo nivel que actúa como un puente entre el código máquina y los lenguajes de programación de alto nivel. Cada instrucción en ensamblador se traduce directamente en una instrucción en código máquina específica para la arquitectura del procesador. Este proceso se lleva a cabo mediante un programa llamado **ensamblador**, que convierte las instrucciones simbólicas del ensamblador en el código binario que el procesador puede ejecutar directamente (Tanenbaum, 2013).

En palabras de Tucker (2004), "el ensamblador facilita la escritura de programas al proporcionar una notación simbólica que hace el código más comprensible y manejable para los humanos" (p. 42). Esto significa que, en lugar de trabajar con números binarios crípticos, los programadores pueden utilizar términos que reflejan de manera más clara la función de cada instrucción. Por ejemplo, una instrucción como ADD en ensamblador puede representar una operación de suma en el procesador, eliminando la necesidad de memorizar su equivalente binario (Stallings, 2015).

La capacidad del ensamblador para "traducir" instrucciones simbólicas en código binario ha sido un avance significativo en la interacción entre humanos y máquinas, permitiendo una comunicación eficaz y directa con el hardware sin comprometer el rendimiento. A diferencia de los lenguajes de programación de alto nivel, el ensamblador se caracteriza por su cercanía con el lenguaje de máquina, lo cual proporciona un control detallado sobre el hardware y sobre las operaciones individuales que realiza el procesador. Esta característica hace que el ensamblador sea fundamental en áreas donde el control preciso y directo del hardware es esencial, como en el desarrollo de sistemas operativos, controladores de dispositivos y aplicaciones embebidas. Aunque los lenguajes de alto nivel, como C y Python, proporcionan una mayor abstracción, facilitando que los programadores trabajen con estructuras de datos complejas y algoritmos avanzados sin preocuparse por los detalles específicos del hardware, el ensamblador sigue siendo relevante y crucial en aquellas situaciones donde el rendimiento y el control detallado del sistema son prioritarios. Brookshear y Brylow (2014) destacan cómo esta proximidad al hardware es lo que convierte al ensamblador en una herramienta esencial en el desarrollo de sistemas de bajo nivel, ya que permite al programador interactuar de forma directa con los componentes físicos de la computadora y optimizar el rendimiento a un nivel imposible de alcanzar con lenguajes de alto nivel.

El ensamblador, a pesar de su complejidad y del desafío que implica escribir código en un lenguaje tan cercano a la máquina, ofrece una flexibilidad sin precedentes para aquellos desarrolladores que necesitan explotar al máximo las capacidades del hardware. Por ello, en el desarrollo de aplicaciones embebidas y de sistemas operativos, donde cada instrucción cuenta y donde es necesario ajustar la comunicación con componentes específicos del sistema, el ensamblador se convierte en una herramienta poderosa. Aun cuando hoy en día existen herramientas avanzadas y compiladores optimizados que permiten traducir lenguajes de alto nivel en código de máquina de manera eficiente, el ensamblador sigue siendo la opción preferida en contextos donde el control directo y detallado sobre cada ciclo de procesamiento es crucial para el rendimiento y la estabilidad del sistema.

Capítulo 2: La era de los lenguajes de alto nivel – Fortran, COBOL, y BASIC

Con el desarrollo y evolución de las necesidades de programación, surgió la era de los lenguajes de alto nivel, marcando un cambio fundamental en la forma en que los programadores interactuaban con las computadoras. Este avance representó una revolución en la programación, al ofrecer herramientas que permitían a los programadores enfocarse más en la lógica y estructura de sus aplicaciones, sin tener que preocuparse de los detalles específicos del hardware. La aparición de estos lenguajes fue un paso crucial en la historia de la informática, ya que simplificaron y agilizaron el proceso de desarrollo, haciendo que el mundo de la programación fuera accesible a un mayor número de personas y permitiendo la creación de aplicaciones más complejas y robustas. Lenguajes como Fortran, COBOL y BASIC ofrecieron un nivel de abstracción sin precedentes, permitiendo que las instrucciones se redactaran en una sintaxis más cercana al lenguaje humano y menos orientada a la lógica binaria de la máquina.

Definición de Lenguajes de Alto Nivel

Los lenguajes de alto nivel se definen como lenguajes de programación que permiten a los desarrolladores escribir instrucciones en una forma más cercana al lenguaje humano, en comparación con el ensamblador o el lenguaje de máquina. Estos lenguajes introdujeron el concepto de abstracción, lo que significa que muchos de los detalles relacionados con el hardware y el funcionamiento interno de la computadora se manejan de forma automática, permitiendo a los programadores concentrarse en la lógica de la aplicación. Como señala Sebesta (2016), los lenguajes de alto nivel eliminaron la necesidad de que los programadores comprendieran los complejos detalles del hardware subyacente, ya que el compilador se encarga de traducir el código escrito en un lenguaje más comprensible en las instrucciones de bajo nivel necesarias para el procesador.

Esta mayor abstracción no solo facilitó el proceso de desarrollo, sino que también permitió una mejor portabilidad del software entre diferentes plataformas de hardware. Por ejemplo, un programa escrito en Fortran o COBOL puede ser ejecutado en distintas arquitecturas de hardware con relativamente pocos cambios, algo que no es posible con el ensamblador, cuyo código es específico para cada procesador. En consecuencia, los lenguajes de alto nivel democratizaron la programación, permitiendo que un mayor número de personas sin conocimientos profundos de hardware accedieran a la creación de software, lo que fomentó el crecimiento de la industria de la programación y contribuyó al desarrollo de aplicaciones complejas en campos tan variados como la ciencia, la administración de negocios y la educación.

En resumen, mientras que el ensamblador sigue siendo indispensable en aplicaciones de bajo nivel donde el control minucioso del hardware es esencial, los lenguajes de alto nivel como Fortran, COBOL y BASIC representan la evolución de la programación hacia una mayor accesibilidad y eficiencia en el desarrollo de aplicaciones. La abstracción introducida por estos lenguajes ha permitido que los programadores se centren en resolver problemas y crear soluciones sin necesidad de entender cada aspecto del hardware, un cambio que ha sido clave en la transformación de la informática en una herramienta universal y versátil.

Un aspecto fundamental de los lenguajes de alto nivel es su capacidad para simplificar la programación mediante el uso de instrucciones y estructuras de control intuitivas, tales como condicionales y bucles. A diferencia de los lenguajes de bajo nivel, los lenguajes de alto nivel permiten a los programadores expresar operaciones y estructuras de manera simbólica, empleando palabras y frases que son comprensibles y significativas en lugar de depender de códigos numéricos específicos de la máquina. Según Tucker (2004), "un lenguaje de alto nivel permite expresar las operaciones de manera simbólica, utilizando palabras y frases significativas en lugar de códigos numéricos específicos de la máquina" (p. 215). Esto facilita enormemente el desarrollo, ya que el programador puede concentrarse en la lógica del problema sin preocuparse por la complejidad de los registros y la administración de la memoria de la máquina. Esta característica también permite a los lenguajes de alto nivel abstraer las complejidades del hardware subyacente, proporcionando una experiencia de programación más accesible y menos propensa a errores, lo cual representa una ventaja significativa sobre los lenguajes de bajo nivel.

La facilidad de programación que ofrecen los lenguajes de alto nivel se extiende además a la estructura y organización del código. A diferencia de los lenguajes de bajo nivel, como el ensamblador, donde cada instrucción debe corresponder de manera directa a una operación en el hardware, los lenguajes de alto nivel promueven la claridad y la organización modular. Esto hace que la programación sea menos laboriosa y reduce las posibilidades de errores humanos, ya que el programador no necesita especificar cada detalle técnico del hardware. Patterson y Hennessy (2013) subrayan cómo los lenguajes de bajo nivel requieren que el programador tenga un conocimiento detallado de la arquitectura de la máquina, lo que implica comprender el funcionamiento de registros, memoria y otros elementos internos del procesador, factores que pueden convertirse en una fuente de errores en el desarrollo de aplicaciones complejas. En cambio, los lenguajes de alto nivel abstraen estos detalles técnicos, permitiendo que el código sea más fácil de leer, escribir y mantener.

Diferencias entre Lenguajes de Alto Nivel y Bajo Nivel

La diferencia fundamental entre los lenguajes de alto y bajo nivel radica en el grado de abstracción que ofrecen y en cómo interactúan con el hardware. Mientras que el ensamblador es específico para cada tipo de procesador y permite un control exhaustivo del hardware, los lenguajes de alto nivel están diseñados para ser portables y comprensibles en múltiples plataformas, eliminando la necesidad de que el programador tenga conocimientos profundos sobre el funcionamiento interno del hardware. Esta portabilidad ha sido una de las razones principales de la popularidad de los lenguajes de alto nivel, ya que permite que el software desarrollado pueda ejecutarse en diferentes sistemas con modificaciones mínimas, si es que las hay. Brookshear y Brylow (2014) destacan esta característica al señalar que "los lenguajes de alto nivel están diseñados para mejorar la productividad y reducir los errores en la programación al permitir una estructura de código más clara y modular" (p. 54), lo que, en última instancia, se traduce en un código más robusto y menos susceptible a fallos.

Además, los lenguajes de alto nivel también permiten una organización más estructurada del código, promoviendo el uso de funciones, subrutinas y clases que facilitan la reutilización y el mantenimiento del software. En contraste, el ensamblador, al ser un lenguaje de bajo nivel, exige que el programador gestione manualmente cada operación, lo cual puede ser tedioso y desafiante, especialmente en proyectos grandes. Stallings (2015) enfatiza que, mientras los lenguajes de bajo nivel ofrecen un control detallado del hardware, también aumentan significativamente la complejidad de la programación, lo que puede afectar la productividad del programador y la calidad del software resultante. Esta diferencia en el enfoque y en el nivel de abstracción que ofrecen los lenguajes de alto y bajo nivel ha sido determinante para el avance de la industria del software, permitiendo que el desarrollo de aplicaciones sea más eficiente y accesible para un público más amplio, y propiciando así la diversificación de las aplicaciones informáticas en múltiples áreas de la sociedad moderna.

Los lenguajes de bajo nivel, como el ensamblador, están directamente vinculados a la arquitectura específica de la máquina y, por lo tanto, suelen requerir un conocimiento técnico profundo de los detalles operativos del hardware subyacente. En estos lenguajes, cada instrucción está diseñada para operar directamente con componentes específicos del sistema, como registros y memoria, lo que implica que el programador necesita comprender cómo funciona la máquina en un nivel detallado. Esto puede ser una desventaja en términos de accesibilidad y complejidad, ya que cualquier error en la manipulación de estos elementos podría provocar fallos en la ejecución del programa. Según Tanenbaum (2013), los lenguajes de alto nivel, en contraste, permiten al programador "abstraerse de los detalles de bajo nivel del hardware y concentrarse en la solución del problema en cuestión" (p. 112). Esta capacidad de abstraerse del hardware no solo simplifica la programación, sino que también facilita la portabilidad del software, pues los programas escritos en lenguajes de alto nivel pueden ser ejecutados en diferentes tipos de máquinas con cambios mínimos o nulos en el código fuente.

La distinción entre lenguajes de bajo y alto nivel es, en esencia, una diferencia en el enfoque hacia la relación con el hardware. Mientras que los lenguajes de bajo nivel están diseñados para proporcionar un control exhaustivo de la máquina, permitiendo a los programadores acceder a las instrucciones específicas del procesador y manipular el hardware de manera directa, los lenguajes de alto nivel están orientados a simplificar el proceso de programación, logrando que los desarrolladores puedan concentrarse en la lógica de sus aplicaciones sin preocuparse por los detalles técnicos de cómo se implementarán esas instrucciones en la máquina. Este enfoque de abstracción en los lenguajes de alto nivel, según los expertos, ha revolucionado el campo de la programación al hacer que sea mucho más accesible para aquellos que no poseen una formación técnica específica en ingeniería electrónica.

Propósito de los Lenguajes de Alto Nivel

Los lenguajes de alto nivel fueron desarrollados con el propósito fundamental de simplificar el proceso de programación, haciéndolo más accesible y comprensible para los seres humanos. A diferencia de los lenguajes de bajo nivel, que requieren un conocimiento detallado de la arquitectura de la máquina, los lenguajes de alto nivel utilizan estructuras y sintaxis más cercanas al lenguaje natural, lo cual permite a los programadores enfocarse en resolver problemas específicos sin tener que preocuparse por cómo esos problemas se traducirán a instrucciones a nivel de hardware. Sebesta (2016) explica que esta accesibilidad amplía la programación a un público más diverso, permitiendo que más personas puedan aprender a programar y desarrollar aplicaciones sin la necesidad de un conocimiento avanzado de los sistemas electrónicos subyacentes. Esta democratización de la programación ha sido fundamental para el crecimiento del software y la creación de herramientas que hoy en día facilitan múltiples áreas de la vida cotidiana.

Además, la abstracción en los lenguajes de alto nivel permite que el programador describa de manera directa lo que quiere que haga la computadora, sin necesidad de especificar cómo lograrlo en términos del hardware. En palabras de Scott (2009), "la abstracción en los lenguajes de alto nivel permite que los programadores describan lo que quieren que haga la computadora, en lugar de como hacerlo en términos del hardware" (p. 35). Esta capacidad no solo incrementa la eficiencia y rapidez en el desarrollo, sino que también facilita la colaboración entre programadores, ya que el código escrito en lenguajes de alto nivel suele ser más claro y fácil de entender. Como resultado, los lenguajes de alto nivel no solo reducen la barrera de entrada para nuevos programadores, sino que también fomentan la creación de programas complejos y de alta calidad en un tiempo reducido.

La capacidad de los lenguajes de alto nivel para abstraer la complejidad del hardware no solo reduce el tiempo de desarrollo, sino que también mejora la legibilidad y mantenibilidad del código. Esto es particularmente importante en aplicaciones de gran escala, donde varios desarrolladores deben colaborar en un mismo proyecto. Como menciona Aho et al. (2006), "la facilidad de lectura y escritura de los lenguajes de alto nivel fomenta la colaboración entre programadores, ya que el código es más comprensible y estructurado" (p. 84).

Además de proporcionar una mayor facilidad de uso en comparación con los lenguajes de bajo nivel, los lenguajes de alto nivel introducen conceptos avanzados, como la programación orientada a objetos (POO), que han transformado el desarrollo de software en términos de organización y eficiencia. La POO permite organizar el código en clases y objetos, facilitando una estructura modular que fomenta la reutilización de código y mejora la mantenibilidad en proyectos de gran envergadura. Este enfoque no solo ayuda a los desarrolladores a gestionar proyectos complejos, sino que también permite la creación de aplicaciones escalables y flexibles, en las que los componentes de software se pueden actualizar o modificar sin alterar la funcionalidad general del sistema. Como señalan Ghezzi y Jazayeri (1997), la introducción de la POO en los lenguajes de alto nivel marcó un hito en el desarrollo de software, ya que "facilita la reutilización de código y permite un enfoque más estructurado en el diseño de aplicaciones" (p. 230). De esta manera, los lenguajes de alto nivel no solo simplifican la programación, sino que también introducen nuevas metodologías que han redefinido la forma en que se conciben y gestionan los proyectos de software.

Fortran

Uno de los primeros lenguajes de programación de alto nivel en desarrollarse fue Fortran (acrónimo de FORmula TRANslation), creado en la década de 1950 por un equipo de IBM bajo el liderazgo de John W. Backus. Fortran surgió en un momento en el que la programación era un proceso laborioso, dominado por el uso de lenguajes de bajo nivel como el ensamblador, que demandaban un conocimiento detallado de la arquitectura de la máquina. Este lenguaje marcó un avance revolucionario, especialmente en la programación científica y de ingeniería, al permitir que los científicos y matemáticos pudieran escribir programas sin recurrir a los códigos complejos del ensamblador. En lugar de tener que entender la estructura del hardware en profundidad, podían centrarse en la formulación de problemas y cálculos utilizando una notación más accesible y cercana a su campo. Como destaca McCracken (1961), "la creación de Fortran representó un paso crucial en la programación al permitir una mayor accesibilidad y eficiencia en la escritura de programas, especialmente en el ámbito científico" (p. 7).

Fortran no solo facilitó la programación científica, sino que también introdujo características avanzadas que establecieron las bases para futuros lenguajes de programación de alto nivel. La capacidad de Fortran para traducir expresiones matemáticas complejas en código ejecutable no solo ahorraba tiempo, sino que también permitía que los científicos ejecutaran simulaciones y análisis de datos con mayor rapidez y precisión. Esto hizo de Fortran un estándar en el ámbito científico durante varias décadas, consolidando su relevancia como el primer lenguaje de alto nivel ampliamente adoptado.

El contexto en que Fortran fue desarrollado responde a la necesidad de un lenguaje de programación que pudiera manejar cálculos matemáticos complejos y que fuera eficiente en términos de rendimiento. En palabras de Sebesta (2016), "la meta principal del equipo de IBM era crear un lenguaje que mejorara la productividad sin sacrificar la eficiencia, algo que era esencial dado el alto costo computacional de los sistemas en esa época" (p. 66). Así, Fortran se convirtió en el primer lenguaje de alto nivel adoptado ampliamente, transformando la computación científica y marcando el inicio de los lenguajes de programación modernos (Ceruzzi, 2012).

El objetivo principal de Fortran era facilitar la programación en campos científicos e ingenieriles, donde se requerían cálculos precisos y eficientes. A diferencia de los lenguajes de propósito general, Fortran fue diseñado específicamente para "resolver problemas de álgebra y cálculo, ofreciendo operaciones matemáticas avanzadas que permitían ejecutar tareas complejas de manera más accesible y rápida" (Aho et al., 2006, p. 193). Esta especialización hizo de Fortran el lenguaje preferido por décadas en aplicaciones como la física, la ingeniería y las matemáticas.

Fortran fue concebido con el objetivo de permitir una "alta eficiencia de ejecución en comparación con otros lenguajes, lo que fue crucial para asegurar su adopción por la comunidad científica y técnica de la época" (Sebesta, 2016, p. 67). Este enfoque hacia la eficiencia de ejecución fue uno de los elementos clave que permitió que Fortran se estableciera como el estándar en la programación científica y de ingeniería en sus primeros años de existencia. Dado que las aplicaciones científicas y de ingeniería requieren realizar cálculos complejos de manera rápida y precisa, la capacidad de Fortran para generar código eficiente que aprovechara al máximo los recursos computacionales de la época resultó ser una ventaja competitiva significativa. Además, el lenguaje incluía una compilación eficiente que convertía el código en instrucciones de máquina optimizadas, algo que era innovador en su tiempo y aseguraba un rendimiento superior al de otros métodos de programación (Patterson & Hennessy, 2013). Esta optimización del rendimiento permitió que los científicos e ingenieros pudieran ejecutar simulaciones y resolver problemas matemáticos complejos con mayor rapidez y precisión, lo que facilitó el avance de la investigación en múltiples disciplinas.

Sintaxis

La sintaxis de Fortran fue diseñada con el objetivo de ser simple y comprensible, especialmente para aquellos que no eran necesariamente expertos en programación pero estaban familiarizados con las matemáticas y la ciencia. A diferencia de los lenguajes de bajo nivel, en los cuales las instrucciones eran técnicas y complejas, Fortran introdujo una estructura que permitía expresar operaciones matemáticas de forma clara y directa, lo que hacía el código más accesible a los científicos. Esto permitió que el lenguaje se utilizara no solo para tareas computacionales, sino también para expresar con facilidad fórmulas y ecuaciones en un formato comprensible y cercano al lenguaje matemático (Scott, 2009). De hecho, en palabras de Tucker (2004), "la claridad en la sintaxis de Fortran es lo que permitió que se adoptara tan rápidamente en el ámbito científico, donde los investigadores necesitaban herramientas que facilitaran la expresión de ecuaciones complejas" (p. 345).

La simplicidad y claridad de la sintaxis de Fortran no solo mejoró la accesibilidad para los científicos, sino que también aceleró el proceso de desarrollo, reduciendo la curva de aprendizaje asociada a la programación. A través de un conjunto de estructuras y convenciones que se asemejaban a las expresiones matemáticas, los programadores podían enfocarse en los problemas que querían resolver, en lugar de perder tiempo lidiando con los detalles técnicos del lenguaje de programación. Esto facilitó su adopción generalizada y su utilización en una amplia gama de aplicaciones científicas y de ingeniería, que iban desde cálculos matemáticos hasta la simulación de fenómenos físicos complejos.

En Fortran, las líneas de código siguen una estructura fija donde cada línea tiene un propósito específico, como la asignación de valores o la declaración de operaciones matemáticas, lo cual resulta en un código más organizado. Además, Fortran implementó el concepto de "subrutinas" para facilitar el modularidad, permitiendo que los programadores reutilicen bloques de código y simplifiquen el desarrollo de programas complejos (Brookshear & Brylow, 2014, p. 121).

Fortran incluye tipos de datos básicos que están orientados a los cálculos científicos. Estos tipos de datos incluyen los enteros, los números reales y los números complejos, que permiten al lenguaje manejar operaciones matemáticas avanzadas necesarias en la ciencia y la ingeniería. Según Hennessey y Patterson (2012), "la inclusión de tipos de datos como los números complejos muestra cómo Fortran fue adaptado desde sus inicios para atender las necesidades específicas de los científicos e ingenieros" (p. 224).

Los enteros y reales en Fortran permiten que los programadores realicen cálculos precisos con alta eficiencia en el procesamiento de datos numéricos. Además, la inclusión de números complejos es particularmente importante en áreas como la física y la ingeniería eléctrica, donde las operaciones con números imaginarios son comunes. Estos tipos de datos hicieron de Fortran un lenguaje especializado en el cálculo numérico y permitieron que se mantuviera como una herramienta vital en la computación científica (Aho et al., 2006).

En resumen, Fortran no solo fue pionero en el desarrollo de lenguajes de programación de alto nivel, sino que también introdujo una serie de innovaciones que sentaron las bases para el desarrollo de lenguajes posteriores. Desde su concepción, Fortran se destacó por su capacidad de traducir fórmulas matemáticas complejas en código de máquina de manera eficiente, lo que permitió a los científicos y matemáticos trabajar de forma más productiva y con mayor precisión. Su enfoque en la facilidad de uso, sumado a su capacidad para generar código de alto rendimiento, lo convirtió en una herramienta clave para la investigación científica y técnica. Además, Fortran permitió un mayor grado de abstracción en la programación, facilitando la expresión de cálculos complejos sin necesidad de interactuar directamente con el hardware. Esto lo hizo especialmente adecuado para la computación científica, asegurando su popularidad y longevidad en el ámbito de la programación técnica y matemática. A medida que la computación se desarrollaba, las innovaciones introducidas por Fortran fueron adoptadas y adaptadas por lenguajes posteriores, cimentando su legado como uno de los primeros lenguajes modernos de alto nivel.

COBOL

El lenguaje de programación COBOL (Common Business-Oriented Language) fue desarrollado en 1959 como respuesta a la creciente necesidad de un lenguaje que pudiera facilitar la administración de procesos y datos en el ámbito empresarial. Durante la década de 1950, la computación estaba en auge, pero los lenguajes existentes eran más adecuados para aplicaciones científicas o militares que para las necesidades del mundo de los negocios. En este contexto, surgió la idea de crear un lenguaje que pudiera ser utilizado para tareas comerciales y administrativas, permitiendo a las organizaciones gestionar grandes volúmenes de datos y realizar cálculos financieros de manera más eficiente. COBOL fue diseñado específicamente para ser un lenguaje orientado a los negocios, lo cual lo distingue de otros lenguajes de programación de su época que estaban más enfocados en la computación científica o en aplicaciones militares (Ceruzzi, 2012).

El propósito de COBOL era crear un lenguaje que fuera accesible y comprensible no solo para los programadores, sino también para los usuarios de negocios que podrían no estar familiarizados con la programación. Su sintaxis, que fue inspirada en el lenguaje inglés, fue diseñada para facilitar la comprensión y la lectura del código, lo que permitió que los profesionales no técnicos pudieran entender el propósito de un programa incluso sin conocer los detalles de su implementación. De acuerdo con Sammet (1981), COBOL fue "el primer lenguaje en buscar activamente la adaptación de un lenguaje común que pudiera aplicarse en diferentes sistemas de procesamiento de datos empresariales" (p. 92). Este enfoque de crear un lenguaje universal para las empresas y adaptarlo a diversos sistemas de procesamiento fue una innovación significativa, ya que permitió que las compañías pudieran gestionar sus operaciones comerciales utilizando una plataforma común, independientemente de los equipos o sistemas que estuvieran utilizando. De esta manera, COBOL no solo facilitó la programación, sino que también contribuyó a la estandarización de la tecnología empresarial, lo que favoreció la interoperabilidad entre diferentes sistemas de computación en el entorno corporativo.

El desarrollo de COBOL fue un proyecto colaborativo en el cual participaron empresas privadas y agencias gubernamentales de los Estados Unidos, como el Departamento de Defensa, quien patrocinó la creación de un lenguaje estándar para facilitar el intercambio de datos y programas entre las diferentes computadoras comerciales de la época (McMillan, 2006). Según Lee y Widmaier (2009), "la creación de COBOL fue significativa porque demostró la viabilidad de los lenguajes de programación como herramientas de comunicación entre el software y el hardware de distintos fabricantes" (p. 187). Esta colaboración permitió que COBOL se convirtiera en un estándar en la industria y en uno de los primeros lenguajes en recibir amplio apoyo de instituciones y empresas, consolidando su rol en los sistemas de procesamiento de datos empresariales.

La creación de COBOL fue el resultado de una colaboración sin precedentes entre diversas entidades del gobierno de Estados Unidos, grandes corporaciones como IBM y RCA, y grupos de investigación académica. La Conferencia sobre Lenguaje de Sistemas de Datos (CODASYL), formada en 1959, fue instrumental en el diseño y estandarización del lenguaje. Según Weik (2000), "CODASYL buscaba lograr un lenguaje que fuera fácilmente comprensible para los usuarios de negocios y que permitiera una programación más eficiente y uniforme" (p. 165). Este esfuerzo de colaboración permitió la creación de un lenguaje que fuera lo suficientemente flexible para adaptarse a distintos sistemas de computación y que pudiera utilizarse en múltiples industrias, facilitando la transferencia y consistencia de los datos (Burton, 2018).

Sintaxis

Una de las características que hizo de COBOL un lenguaje único y apropiado para el ámbito empresarial fue su sintaxis clara y legible. COBOL fue diseñado con una estructura orientada a la descripción de procesos comerciales, con una sintaxis cercana al lenguaje natural del inglés, lo que permitía que los programadores pudieran describir detalladamente las operaciones comerciales en sus programas (Sebesta, 2016). En palabras de Sammet (1981), "la claridad en la sintaxis de COBOL fue pensada para que los procesos de negocios fueran comprensibles para personas con formación no técnica" (p. 74).

El lenguaje fue diseñado para ser auto-descriptivo y orientado a operaciones comerciales específicas, con secciones bien definidas como IDENTIFICATION, ENVIRONMENT, DATA y PROCEDURE, lo que ayudaba a estructurar el código de forma lógica y ordenada (Wegner, 2014).

Cada una de estas secciones cumple un rol específico: la sección IDENTIFICATION identifica el programa, ENVIRONMENT establece el entorno en el que se ejecuta, DATA describe la estructura de los datos, y PROCEDURE define las operaciones que deben realizarse sobre dichos datos. Esta estructura permite que el lenguaje sea intuitivo para los usuarios de negocio y flexible para adaptarse a distintas operaciones comerciales (Sebesta, 2016).

COBOL fue desarrollado con un enfoque en la gestión y manipulación de grandes cantidades de datos, especialmente registros y archivos, para satisfacer las necesidades de procesamiento de información empresarial. Una de las innovaciones clave de COBOL fue la introducción de estructuras de datos que permiten el manejo de registros de manera organizada, lo que es crucial para el procesamiento eficiente de datos en operaciones comerciales complejas (Sebesta, 2016). Según Brookshear y Brylow (2014), "COBOL facilitó el trabajo con registros y archivos al introducir estructuras de datos avanzadas que permitían organizar la información de forma lógica y eficiente" (p. 254).

Además, COBOL fue pionero en el uso de archivos secuenciales y aleatorios, permitiendo la manipulación y el acceso directo a grandes cantidades de datos almacenados, algo esencial en aplicaciones de gestión empresarial (Ceruzzi, 2012). A diferencia de otros lenguajes de la época, COBOL permitía definir los datos en estructuras que simulaban los registros físicos de una oficina, como por ejemplo registros de clientes o transacciones bancarias, lo cual fue revolucionario en la forma en que las empresas gestionaban sus datos (McMillan, 2006). Según Wegner (2014), "la capacidad de COBOL para organizar y acceder a datos estructurados fue esencial para su adopción en la industria financiera y de gestión de datos" (p. 37).

Por otro lado, COBOL introdujo el concepto de niveles en la estructura de los datos, lo que permite definir relaciones jerárquicas entre distintos elementos, facilitando la manipulación y el procesamiento de información estructurada (Tucker, 2004). Esta característica permite al lenguaje representar datos de manera compleja y organizada, ideal para sistemas de contabilidad, inventarios y bases de datos empresariales.

BASIC

El lenguaje de programación BASIC (Beginners' All-purpose Symbolic Instruction Code) fue desarrollado en 1964 por John G. Kemeny y Thomas E. Kurtz en el Dartmouth College. En un tiempo en el que la programación estaba limitada a especialistas, Kemeny y Kurtz buscaron crear un lenguaje accesible para cualquier persona interesada en aprender a programar, en especial para estudiantes de distintas disciplinas (Murray, 2013). Como describe Evans (2011), "BASIC fue el primer lenguaje diseñado explícitamente con la meta de simplificar la programación y hacerla accesible a personas fuera del ámbito profesional de la informática" (p. 182). La creación de BASIC marcó un hito, ya que rompió con la complejidad de otros lenguajes de la época y proporcionó una herramienta educativa que atrajo a miles de usuarios.

Kemeny y Kurtz diseñaron BASIC en respuesta a la creciente demanda de programas académicos en el uso de las computadoras, ya que veían que los lenguajes de programación existentes no eran prácticos para la enseñanza a estudiantes sin una base técnica en matemáticas o ciencia de la computación (Ceruzzi, 2012). Su visión fue radicalmente innovadora para la época, ya que buscaban "democratizar" el acceso a la programación, ayudando a que las universidades pudieran enseñar habilidades de computación a estudiantes en múltiples disciplinas (Petzold, 2016). Esto convirtió a BASIC en uno de los primeros lenguajes de alto nivel con un enfoque educativo claro y en una herramienta central en las universidades y escuelas durante las siguientes décadas.

Desde su creación, BASIC fue pensado como una herramienta educativa que no requería conocimientos avanzados de programación, lo cual revolucionó la forma en que la computación era enseñada. Según Petzold (2016), el objetivo de Kemeny y Kurtz fue "crear un lenguaje que permitiera a los principiantes escribir programas de forma rápida, sin la necesidad de comprender los detalles complejos del hardware o del sistema operativo" (p. 207). Gracias a esta filosofía, BASIC fue adoptado en instituciones educativas de todo el mundo, donde su simplicidad lo convirtió en una excelente herramienta para introducir a los estudiantes a la programación.

Kemeny y Kurtz consideraron que la enseñanza de la programación no debería estar limitada a los estudiantes de ciencias exactas; su propósito era hacer de BASIC una herramienta accesible para estudiantes de humanidades, artes y otras disciplinas. Esta accesibilidad fue clave para su popularidad y su rol en la popularización de la programación, especialmente a partir de los años setenta, cuando las computadoras personales comenzaron a incluir interpretadores de BASIC de manera predeterminada (Ceruzzi, 2012). Como subraya Tedre (2015), "BASIC introdujo a miles de estudiantes a la lógica de programación y a la estructura de los lenguajes computacionales, sentando las bases para una generación que crecería con conocimientos informáticos básicos" (p. 245).

Sintaxis

Una de las características más destacadas de BASIC es su sintaxis simple y directa, diseñada para ser fácil de aprender y utilizar, incluso para quienes no tenían experiencia previa en programación. Según un estudio realizado por Brookshear (2018), "la sencillez en la sintaxis de

BASIC fue intencional, permitiendo que el lenguaje se asemejara a una lista de comandos en inglés" (p. 126). Esta estructura facilitaba el aprendizaje de los conceptos básicos de la programación sin necesidad de comprender detalles complejos, como la administración de memoria o la arquitectura del hardware, que eran comunes en lenguajes más técnicos.

BASIC fue diseñado con comandos claros, como "PRINT" para mostrar texto en pantalla, "INPUT" para recibir datos del usuario, y "LET" para asignar valores a variables, lo que hizo que el lenguaje fuera accesible para los principiantes (Tedre, 2015). Además, Kemeny y Kurtz implementaron un enfoque de línea por línea, donde los comandos se ejecutaban de forma secuencial, facilitando la comprensión de la estructura lógica de un programa (Evans, 2011). Esta simplicidad fue una de las razones por las que BASIC se volvió tan popular en las escuelas, y por la cual sigue siendo utilizado en aplicaciones educativas y en ambientes donde se enseña programación introductoria.

Otra característica fundamental de BASIC es su naturaleza interactiva, que permite a los usuarios escribir y ejecutar comandos directamente en un entorno de interpretación. Esta capacidad de ejecución inmediata de los comandos facilitó el aprendizaje, ya que los estudiantes podían ver los resultados de su código de forma instantánea, sin tener que compilar el programa, como era necesario en otros lenguajes de programación de la época (Ceruzzi, 2012). La interactividad permitía a los estudiantes experimentar, realizar pruebas y observar el impacto de sus instrucciones en tiempo real, lo que fortalecía su comprensión de los conceptos y lógica de programación.

Esta característica interactiva hizo de BASIC un lenguaje intuitivo y accesible para principiantes, permitiéndoles experimentar con la programación sin temor a errores graves. Según Brookshear (2018), "la interactividad de BASIC permitía a los estudiantes aprender a través de la experimentación directa, lo cual era invaluable para el desarrollo de habilidades prácticas en programación" (p. 129). Además, este enfoque interactivo fue precursor de muchos entornos de programación que siguen el mismo principio de interpretación directa, como los REPL (Read-Eval-Print Loop), utilizados en lenguajes modernos como Python y JavaScript.

Capítulo 3: Nuevos paradigmas – Programación estructurada, orientada a objetos y funcional

Los paradigmas de programación son enfoques o estilos de programación que proporcionan un marco conceptual para organizar el desarrollo del software y resolver problemas de una manera específica. Cada paradigma ofrece un conjunto de principios, estructuras y metodologías que influyen en cómo se diseñan y construyen los programas. Según Sebesta (2016), "un paradigma de programación representa una forma particular de concebir las soluciones, organizando el proceso de programación en términos de las técnicas y estructuras que lo caracterizan" (p. 112). Esta organización tiene el objetivo de simplificar y optimizar la creación de software, permitiendo a los programadores enfocarse en aspectos específicos de la lógica y el flujo del programa.

Los paradigmas de programación son fundamentales en el ámbito del desarrollo de software, ya que ofrecen distintas perspectivas y herramientas para abordar la diversidad de problemas que se presentan en la informática. Al elegir un paradigma, los desarrolladores definen no solo cómo se estructurará el código, sino también cómo se abordarán los desafíos inherentes al problema que se quiere resolver. Por ejemplo, el paradigma orientado a objetos (OOP) es uno de los más conocidos y utilizados en la programación moderna. Este paradigma se centra en modelar el mundo real a través de "objetos" que representan entidades con estados (atributos) y comportamientos (métodos), lo que facilita la creación de sistemas modulares y reutilizables. En este enfoque, cada objeto interactúa con otros objetos a través de métodos y mensajes, permitiendo que el sistema se construya de manera escalable y flexible. En contraste, el paradigma funcional, que se basa en el uso de funciones matemáticas puras, evita el estado mutable y los efectos secundarios. Este enfoque promueve la inmutabilidad de los datos y la ejecución de funciones sin modificar el estado del sistema, lo cual tiene ventajas en términos de simplicidad y seguridad, especialmente en aplicaciones concurrentes y distribuidas (Muller, 2020). De esta manera, ambos paradigmas ofrecen modelos de programación completamente diferentes que impactan la manera en que los programadores conceptualizan y estructuran sus soluciones, dependiendo de los requerimientos específicos del proyecto.

Importancia en el Desarrollo de Software

La importancia de los paradigmas en el desarrollo de software radica en que la elección de este influye de manera significativa en la eficiencia, escalabilidad y mantenibilidad de las aplicaciones. Cada paradigma tiene fortalezas que lo hacen adecuado para ciertos tipos de problemas y debilidades que pueden limitar su efectividad en otros contextos. Por ejemplo, los lenguajes que se basan en el paradigma orientado a objetos, como Java y C++, son especialmente efectivos en aplicaciones de gran escala y sistemas empresariales. Esto se debe a que su estructura modular y basada en clases permite una fácil reutilización de código, mantenimiento y expansión de sistemas complejos. Estas características hacen que los desarrolladores puedan trabajar en equipos grandes y distribuir el trabajo de manera eficiente. Según Sebesta (2016), "el paradigma orientado a objetos facilita la creación de software robusto y flexible, ideal para la construcción de aplicaciones empresariales" (p. 67). Por otro lado, el paradigma funcional, que se encuentra representado en lenguajes como Haskell y Lisp, tiene una popularidad creciente en campos que requieren procesamiento de datos complejos o la ejecución de algoritmos concurrentes. Esto es posible debido a su capacidad para minimizar los efectos secundarios y gestionar eficientemente la ejecución paralela, lo que resulta en programas más fáciles de depurar y mantener, a la vez que optimiza la eficiencia computacional. De este modo, la elección de un paradigma es crucial y debe estar alineada con las características del problema a resolver y los objetivos del proyecto, ya que cada enfoque tiene sus aplicaciones ideales y puede afectar la calidad del software resultante.

La programación imperativa, basada en instrucciones secuenciales, y la programación declarativa, que se centra en describir el "qué" en lugar del "cómo", representan dos enfoques fundamentales que han dado lugar a otros paradigmas y lenguajes híbridos. Como señala Lee (2018), "la diversidad de paradigmas permite a los desarrolladores seleccionar el enfoque más adecuado para las necesidades específicas de cada proyecto, promoviendo la flexibilidad y la innovación en el desarrollo de software" (p. 89).

Evolución Histórica de los Paradigmas de Programación

El desarrollo de los paradigmas de programación se remonta a las primeras décadas de la informática, con los lenguajes de bajo nivel y el paradigma imperativo como los enfoques predominantes. En los años 1950, Fortran y COBOL introdujeron la programación estructurada, permitiendo que los programadores dieran instrucciones secuenciales a la máquina. Estos primeros lenguajes se basaban en la manipulación directa del hardware y, aunque eran limitados, establecieron las bases para el desarrollo de paradigmas más avanzados (Ceruzzi, 2012). En palabras de Backus (1978), "la programación imperativa requería que el programador especificara paso a paso el proceso de solución, lo cual era eficiente pero propenso a errores debido a la complejidad de los detalles a nivel de máquina" (p. 31).

Programación Estructurada

La programación estructurada es un paradigma de programación que surgió en la década de 1960 y se consolidó como un enfoque fundamental para mejorar la claridad, calidad y eficiencia en el desarrollo de software. Este estilo de programación promueve la organización del código a través de estructuras de control claras, tales como la secuencia, la selección (condicionales) y la repetición (bucles), lo cual permite al programador dividir el código en segmentos manejables y

44

lógicos. Según Dijkstra (1972), uno de los pioneros de esta metodología, "la programación estructurada representa una técnica que permite construir programas robustos y confiables mediante la aplicación de un conjunto limitado de estructuras de control" (p. 45).

El uso de estructuras de control también ha sido destacado por autores como Sebesta (2016), quien señala que "la programación estructurada facilita la eliminación de errores y permite que los programas se lean y entiendan de manera más eficiente" (p. 91). Este paradigma fue concebido como respuesta a la falta de orden y organización en los primeros enfoques de programación, donde el código desordenado y el uso de saltos o "gotos" dificultaban la legibilidad y el mantenimiento del software.

Modularidad: Dividir el Código en Módulos

Uno de los principios clave de la programación estructurada es la modularidad, que se refiere a la división del programa en componentes más pequeños y manejables llamados "módulos" o "funciones". Esta división permite que cada módulo cumpla con una función específica, facilitando el desarrollo, prueba y mantenimiento del código. Como explica Brookshear (2018), "la modularidad ayuda a reducir la complejidad al descomponer el programa en partes independientes, lo cual incrementa su legibilidad y permite a distintos programadores trabajar en diferentes módulos sin afectar el conjunto" (p. 162).

La modularidad también facilita la reutilización de código, permitiendo que ciertos módulos o funciones puedan emplearse en diferentes partes de un mismo programa o incluso en proyectos distintos. Este enfoque permite, por ejemplo, que funciones comunes como la validación de datos o el cálculo de estadísticas se implementen una sola vez y se utilicen en varios lugares, lo cual reduce redundancias y posibles errores (Ghezzi, Jazayeri & Mandrioli, 2002).

Herramientas y Técnicas en la Programación Estructurada

Diagramas de Flujo

Para planificar los algoritmos antes de escribir el código, los programadores estructurados suelen emplear diagramas de flujo, que representan visualmente la secuencia de pasos y decisiones dentro de un programa. Estos diagramas son fundamentales para visualizar la estructura lógica y permiten identificar posibles errores o ineficiencias en el diseño. Según Baecker y Buxton (1987), "los diagramas de flujo proporcionan una representación gráfica del flujo de control de un algoritmo, permitiendo una comprensión más rápida y precisa del proceso" (p. 204). A lo largo del desarrollo de la informática, los diagramas de flujo han sido herramientas esenciales tanto en la educación como en la práctica profesional, ya que permiten una planificación detallada y un control efectivo del flujo del programa.

Un diagrama de flujo básico utiliza símbolos estándar como rectángulos para representar procesos, rombos para decisiones y flechas para indicar la secuencia. Esta visualización no solo facilita la colaboración entre programadores, sino que también hace que el diseño del programa sea accesible para personas no especializadas, lo que es particularmente útil en contextos empresariales donde se requiere la aprobación de directivos o clientes.

Pseudocódigo

Además de los diagramas de flujo, el pseudocódigo es otra herramienta popular en la programación estructurada. Se trata de una descripción informal del algoritmo en un formato que imita el lenguaje de programación, pero sin adherirse a la sintaxis rígida de un lenguaje específico. El pseudocódigo permite a los desarrolladores bosquejar y comunicar sus ideas de manera clara y accesible antes de codificar, proporcionando un paso intermedio entre el diseño conceptual y la implementación técnica (Knuth, 1997). Como explica Scott (2019), "el pseudocódigo es una forma de planificación que permite a los programadores centrarse en la lógica sin preocuparse por detalles específicos de la sintaxis" (p. 77).

El uso de pseudocódigo es particularmente valioso en el desarrollo de algoritmos complejos, ya que permite a los programadores resolver y pulir la lógica en una etapa temprana, evitando errores comunes y maximizando la claridad de las soluciones. A través de esta técnica, los programadores estructurados pueden asegurar que el diseño del programa es sólido antes de invertir tiempo en la codificación detallada.

Ejemplos Prácticos de Programación Estructurada en la Vida Real

La programación estructurada ha demostrado ser eficaz en una amplia variedad de aplicaciones prácticas, debido a su capacidad para organizar el código de manera clara y manejable. Un ejemplo común es el desarrollo de algoritmos para la gestión de inventarios en el sector minorista. Estos algoritmos permiten a los negocios monitorear el flujo de productos en el inventario, ajustar los niveles de existencias y optimizar las órdenes de compra. Según Lambert (2015), "la programación estructurada es ideal para aplicaciones de inventario, ya que permite que los sistemas sean fácilmente escalables y adaptables a cambios en los patrones de demanda" (p. 131).

Otro ejemplo relevante es el uso de la programación estructurada en sistemas de control de tráfico. Los sistemas de control de tráfico modernos utilizan algoritmos estructurados para analizar datos de sensores y cámaras, lo que permite ajustar los semáforos y controlar el flujo de vehículos en tiempo real. Como explica Wing (2016), "la programación estructurada facilita la creación de algoritmos de control precisos, permitiendo que los sistemas de tráfico funcionen de manera óptima y reactiva" (p. 184).

Impacto de la Programación Estructurada en el Desarrollo de Software

La programación estructurada ha transformado la forma en que los desarrolladores abordan la creación de software, proporcionando un marco lógico que maximiza la claridad y la eficiencia. Al introducir conceptos como la modularidad, los diagramas de flujo y el pseudocódigo, este enfoque ha permitido a los programadores construir aplicaciones robustas y mantenibles. La influencia de la programación estructurada se observa en numerosos paradigmas modernos, como la programación orientada a objetos, que incorpora y expande muchos de sus principios.

La popularidad y durabilidad de este enfoque residen en su capacidad para simplificar la programación y adaptarse a una amplia gama de aplicaciones. Según Sebesta (2016), "la programación estructurada es un pilar en la historia de la programación, y su legado continúa en la forma en que los programadores abordan la organización y el diseño del software" (p. 231). La claridad que ofrece la programación estructurada sigue siendo fundamental para los desarrolladores actuales, especialmente en aplicaciones complejas donde la precisión y el control son esenciales.

La Programación Orientada a Objetos (OOP)

La Programación Orientada a Objetos (OOP, por sus siglas en inglés) es un paradigma de programación que organiza el código en torno a "objetos", los cuales representan entidades del mundo real o conceptos. Introducida de manera formal en la década de 1960 y consolidada en los años 80, OOP ha revolucionado la programación al proporcionar un marco que facilita el desarrollo de software modular, reutilizable y escalable. Según Booch (2007), "OOP permite a los desarrolladores estructurar el software de manera que los objetos modelan tanto el estado como el comportamiento de las entidades" (p. 27).

Los pilares fundamentales de la OOP incluyen conceptos como **clases, objetos, herencia, polimorfismo** y **encapsulamiento**. La **clase** es la plantilla a partir de la cual se crean objetos, y contiene tanto los atributos (datos) como los métodos (funciones) asociados con el objeto. Un **objeto** es una instancia específica de una clase que contiene los valores particulares para esos atributos. Como señala Sebesta (2016), "la orientación a objetos facilita que el software sea una simulación del mundo real, modelando entidades y sus interacciones de manera que resulta intuitiva para los programadores" (p. 345).

La **herencia** permite que una clase adquiera las propiedades y métodos de otra, creando una relación jerárquica que facilita la reutilización de código. El **polimorfismo** permite que un mismo método se comporte de diferentes maneras dependiendo del contexto, lo cual aumenta la flexibilidad del software. Finalmente, el **encapsulamiento** asegura que los datos estén protegidos del acceso directo externo, mejorando la seguridad y la integridad del software. Como explica Stroustrup (2013), "la encapsulación y la modularidad inherentes a OOP contribuyen a que el código sea menos propenso a errores y más fácil de mantener" (p. 163).

Ventajas de la Programación Orientada a Objetos

La OOP ofrece múltiples beneficios para el desarrollo de software, siendo uno de los más destacados la **modularidad**, ya que permite dividir un programa en partes independientes que pueden desarrollarse y probarse por separado. Como argumenta Fowler (2004), "la modularidad permite dividir el código en pequeñas secciones o módulos, lo que facilita la colaboración entre equipos y la gestión de proyectos grandes" (p. 221). Esto resulta crucial en el contexto empresarial y en proyectos de larga duración, donde la escalabilidad y la flexibilidad son esenciales.

Otra ventaja significativa es la **reutilización del código**. Gracias a la herencia y a la creación de clases reutilizables, los desarrolladores pueden emplear módulos ya existentes en otros proyectos, lo cual ahorra tiempo y reduce la duplicación de esfuerzos. Gamma et al. (1994) señalan que "la reutilización del código es uno de los pilares de la eficiencia en OOP, ya que permite que los desarrolladores construyan aplicaciones más rápidamente utilizando componentes probados" (p. 18).

Además, OOP permite una **mejor gestión de la complejidad** en proyectos de software grandes. Al organizar el software en objetos y clases, los desarrolladores pueden abstraer detalles complejos y enfocarse en las interacciones de alto nivel entre componentes. Esto es especialmente valioso en sistemas donde las funcionalidades y los requisitos pueden cambiar con frecuencia, ya que permite modificar el comportamiento de una aplicación sin afectar otros componentes. Según Larman (2001), "el diseño orientado a objetos es una herramienta poderosa para manejar la complejidad en sistemas de software, permitiendo que el desarrollo sea incremental y que los cambios se integren sin grandes riesgos" (p. 42).

Lenguajes Populares en Programación Orientada a Objetos

C++

El lenguaje C++ desempeñó un papel crucial en la popularización de la OOP en la década de 1980. Creado por Bjarne Stroustrup como una extensión de C, C++ introdujo características orientadas a objetos que permitieron a los programadores estructurar aplicaciones complejas sin sacrificar la eficiencia. Como explica Stroustrup (2013), "C++ fue diseñado para permitir una abstracción de datos potente sin perder el control directo del hardware, lo cual resulta crucial para aplicaciones de alto rendimiento" (p. 78). La capacidad de C++ para combinar OOP con programación de bajo nivel lo ha convertido en una opción popular en el desarrollo de sistemas operativos, videojuegos y aplicaciones de alto rendimiento.

Java

Otro lenguaje que ha sido fundamental en la evolución de OOP es **Java**. Creado en 1995 por Sun Microsystems, Java fue diseñado desde el principio con una arquitectura orientada a objetos y se popularizó rápidamente debido a su portabilidad y facilidad de uso en el desarrollo de aplicaciones web y móviles. Su lema, "write once, run anywhere", resume su enfoque en la portabilidad, permitiendo que las aplicaciones escritas en Java se ejecuten en cualquier plataforma con una máquina virtual Java (JVM). Como explica Horstmann y Cornell (2013), "Java democratizó el acceso a la OOP, haciendo que conceptos complejos fueran accesibles para una audiencia más amplia" (p. 4). La portabilidad y la seguridad en entornos web de Java lo convirtieron en una opción ideal para aplicaciones empresariales y de Internet.

Ejemplos Prácticos de Aplicación de la Programación Orientada a Objetos

Uno de los ámbitos donde la programación orientada a objetos se ha mostrado particularmente útil es en el desarrollo de **videojuegos**. En estos proyectos, los conceptos de OOP permiten modelar personajes, escenarios y mecánicas como objetos interactivos. Cada objeto en el juego puede tener atributos y métodos específicos, lo cual facilita la creación de interacciones complejas y la incorporación de características adicionales sin modificar el sistema base. Según Gregory (2014), "la OOP permite a los desarrolladores de videojuegos modelar entidades del mundo virtual de manera intuitiva y escalable, facilitando la personalización y la evolución de los juegos" (p. 297).

Otro ejemplo clave es el desarrollo de **aplicaciones empresariales** complejas, como los sistemas de gestión de relaciones con clientes (CRM) y de planificación de recursos empresariales (ERP). Estas aplicaciones requieren una estructura robusta que permita manejar grandes volúmenes de datos y complejas reglas de negocio. La OOP permite que los desarrolladores organicen el sistema en módulos separados que representan entidades empresariales, como clientes, empleados o productos, lo cual facilita la adaptación del sistema a las necesidades de la empresa. Como indica Pressman (2014), "la modularidad y la encapsulación inherentes a la OOP son esenciales en sistemas empresariales, donde la estabilidad y la escalabilidad son prioritarias" (p. 418).

Programación Funcional (FP)

La **programación funcional** (FP, por sus siglas en inglés) es un paradigma de programación que se enfoca en la creación de software mediante la aplicación de funciones matemáticas, priorizando la inmutabilidad de datos y la ausencia de efectos colaterales en el flujo de ejecución. A diferencia de otros paradigmas, en FP los datos son tratados como constantes y se evitan las modificaciones de estado, lo cual facilita el análisis y la comprensión del código. En palabras de Abelson y Sussman (1996), "la programación funcional eleva el nivel de abstracción, permitiendo que el enfoque se centre en las operaciones y relaciones matemáticas" (p. 124).

El enfoque principal de FP radica en el uso de **funciones puras**, que son aquellas que no dependen de variables externas y no afectan el estado del sistema, además de garantizar que, dados los mismos argumentos, siempre producirán los mismos resultados. Esta característica es fundamental para asegurar un código más predecible y confiable. Según Bird y Wadler (1988), "el diseño funcional facilita la creación de programas que son conceptualmente sencillos y matemáticamente sólidos, lo que reduce significativamente la probabilidad de errores" (p. 45).

Comparación con otros paradigmas de programación

Comparada con la **programación estructurada** y la **programación orientada a objetos** (OOP), la programación funcional ofrece un enfoque distintivo en su manejo de datos y flujo de ejecución. En la programación estructurada, el código se organiza en bloques y se basa en el uso de estructuras de control como bucles y condicionales. En cambio, FP evita estas estructuras, prefiriendo funciones recursivas y expresiones que no alteran el estado. Por su parte, en la OOP, el código se organiza alrededor de objetos que encapsulan datos y comportamiento, promoviendo la modularidad mediante clases y métodos. Sin embargo, FP elimina esta organización, centrando el desarrollo en funciones y minimizando el uso de variables mutables, lo que permite un estilo de programación más declarativo y menos imperativo. Hughes (1990) sostiene que "la programación funcional reduce la dependencia en el estado del programa, lo cual elimina complejidades y facilita el desarrollo de sistemas concurrentes" (p. 28).

Un aspecto clave en FP es la **inmutabilidad**, que contrasta con la flexibilidad que permite OOP al modificar el estado de un objeto. En la programación funcional, los datos son inmutables por defecto, y las operaciones que parecen modificar datos en realidad generan nuevas versiones de estos. Esto reduce errores derivados de cambios inesperados en el estado y facilita el trabajo con múltiples procesos concurrentes sin conflictos de acceso a datos.

Características de la Programación Funcional

Uno de los pilares de la programación funcional es la **inmutabilidad** de los datos. En FP, una vez que se crea una variable, su valor no se puede alterar. En lugar de modificar el estado, cada función en FP devuelve un nuevo valor, dejando intactos los datos originales. La inmutabilidad permite mayor estabilidad y predictibilidad en el código, ya que reduce los efectos colaterales. Como expresa Clements (2013), "la inmutabilidad ayuda a garantizar que los datos permanezcan consistentes y no sean afectados por cambios en otros puntos del programa, algo esencial en aplicaciones que requieren una alta confiabilidad" (p. 119).

Otra característica distintiva de FP son las **funciones de orden superior**, que son funciones que pueden recibir otras funciones como argumentos o devolverlas como resultados. Esto permite crear abstracciones y reutilizar el código de manera flexible y concisa. Este concepto es esencial para FP, ya que facilita la composición y reutilización de funciones sin la necesidad de estructuras complejas. Según Wadler (1992), "las funciones de orden superior son una de las características más poderosas de la programación funcional, ya que permiten expresar patrones de cálculo de manera elegante y compacta" (p. 39).

Lenguajes Populares en Programación Funcional

Haskell

Haskell es uno de los lenguajes de programación puramente funcionales más conocidos y utilizados en el ámbito académico y en algunas aplicaciones comerciales. Diseñado en 1990, Haskell promueve la inmutabilidad de datos y el uso de funciones puras, además de implementar un sistema de tipos fuerte y estático que ayuda a detectar errores en tiempo de compilación. En Haskell, los programas se desarrollan mediante expresiones matemáticas, lo cual refleja fielmente los principios de FP. Jones y Hughes (2003) señalan que "Haskell se ha convertido en un estándar para la investigación en programación funcional debido a su pureza y a su diseño basado en la lógica matemática" (p. 215).

Scala y F#

Otros lenguajes de programación como **Scala** y **F#** combinan características de FP con otros paradigmas, principalmente con la orientación a objetos, lo que permite aprovechar lo mejor de ambos mundos. **Scala**, creado en 2003, integra conceptos de OOP y FP, permitiendo a los desarrolladores aplicar ambos paradigmas de manera fluida. Este lenguaje es popular en el desarrollo de sistemas concurrentes y de alto rendimiento, ya que soporta la inmutabilidad de datos y el uso de funciones de orden superior, mientras ofrece compatibilidad con bibliotecas de Java. Como indica Odersky (2004), "Scala fue diseñado para permitir una transición gradual hacia la programación funcional, sin sacrificar la eficiencia o la capacidad de adaptación a proyectos existentes" (p. 8).

F# es otro ejemplo de lenguaje funcional que opera en el entorno .NET y permite combinar la FP con la programación orientada a objetos. Gracias a esta versatilidad, F# se utiliza en áreas como la ciencia de datos y el análisis financiero. Según Syme, Granicz y Cisternino (2012), "F# proporciona un enfoque funcional en el marco .NET, lo cual permite a los desarrolladores beneficiarse de la inmutabilidad y la expresividad de FP sin dejar de lado la potencia del ecosistema de .NET" (p. 72).

Ejemplos Prácticos de Aplicación de la Programación Funcional

La programación funcional encuentra aplicaciones en diversas áreas donde se requiere procesar grandes volúmenes de datos o donde la concurrencia es un factor crítico. Un ejemplo de ello es el **procesamiento de datos**, donde FP permite manipular colecciones de datos mediante operaciones como map, filter y reduce, facilitando el análisis de grandes conjuntos de datos de manera eficiente y paralela. Esta metodología es utilizada en sistemas de análisis de datos y motores de recomendación, en los cuales la inmutabilidad y la ausencia de efectos secundarios contribuyen a un procesamiento seguro y escalable.

Otro ámbito donde la programación funcional es ampliamente aplicada es en el desarrollo de **sistemas concurrentes**, como servidores web y aplicaciones distribuidas. En estos casos, la inmutabilidad de FP reduce los riesgos de condiciones de carrera y otros errores comunes en la concurrencia. Además, los frameworks basados en FP, como **Akka** en Scala, permiten gestionar múltiples procesos de manera paralela sin conflictos de acceso a datos, garantizando un rendimiento eficiente y predecible. Como menciona Kleppmann (2017), "la programación funcional ofrece una aproximación robusta para el desarrollo de sistemas concurrentes al evitar la dependencia en el estado compartido, lo que permite un rendimiento más estable" (p. 149).

La Programación Funcional como Paradigma Clave en la Evolución de Software

La programación funcional (FP), con su enfoque en el uso de funciones puras, la inmutabilidad y la abstracción matemática, ha revolucionado la manera en que se abordan los problemas complejos de software. En contraste con otros paradigmas de programación, la FP pone un énfasis significativo en la creación de funciones que no alteran el estado del sistema ni dependen de datos mutables, lo que reduce considerablemente los errores inesperados y facilita la depuración y mantenimiento del código. Esta característica se ha vuelto especialmente valiosa a medida que los sistemas distribuidos y concurrentes han aumentado en complejidad y prevalencia. En estos sistemas, donde múltiples procesos deben ejecutarse simultáneamente y sin interferencia entre ellos, la inmutabilidad de los datos y el uso de funciones de orden superior permiten que las aplicaciones sean más seguras y eficientes. Además, estas propiedades ayudan a evitar efectos secundarios no deseados, como las condiciones de carrera, que son comunes en entornos de ejecución paralela. Como observa Hudak (1989), "la programación funcional ha sentado las bases para una nueva manera de pensar sobre el desarrollo de software, aportando una mayor claridad y precisión en la manera de diseñar programas" (p. 76). Esta nueva manera de abordar la programación facilita la creación de aplicaciones que son no solo más fáciles de entender, sino también más robustas ante la evolución de requisitos y la escalabilidad, lo que convierte a la FP en una opción cada vez más popular en el desarrollo de software moderno.

Capítulo 4: Lenguajes modernos y la inteligencia artificial

El concepto de "lenguajes modernos" en el ámbito de la programación se refiere a aquellos lenguajes que han emergido en las últimas décadas, especialmente diseñados para abordar las crecientes demandas de procesamiento de grandes volúmenes de datos, ejecución paralela y el soporte de aplicaciones avanzadas, como la inteligencia artificial (IA). A medida que la tecnología avanza, los lenguajes modernos se han adaptado para abordar no solo la eficiencia y la facilidad de desarrollo, sino también los desafíos únicos que presentan aplicaciones como el aprendizaje automático, la analítica avanzada y los sistemas autónomos. Estos lenguajes no solo se centran en la mejora de la productividad del desarrollador, sino que también están optimizados para manejar operaciones intensivas en datos, como las que se encuentran en el análisis de grandes conjuntos de información, en tiempo real. Además, muchos de estos lenguajes están diseñados con características que facilitan la paralelización de tareas, lo que es esencial para abordar problemas complejos y de gran escala, como los que se dan en la inteligencia artificial. Según Van Rossum (2020), estos lenguajes "están diseñados para hacer frente a los desafíos actuales de la programación, como la paralelización de tareas, la facilidad de uso y la integración con herramientas avanzadas de análisis de datos" (p. 23). La importancia de estas características radica en la necesidad de aprovechar la potencia de los sistemas actuales para realizar cálculos complejos a una velocidad óptima, permitiendo el procesamiento masivo de datos en tiempo real y apoyando las capacidades de aprendizaje automático que están en el núcleo de muchas aplicaciones de IA.

En este contexto, los lenguajes modernos no solo proporcionan una sintaxis más accesible y amigable para el desarrollador, sino que también ofrecen optimizaciones específicas para el manejo de grandes volúmenes de datos. Esto los hace ideales para tareas que requieren gran capacidad computacional, como el procesamiento de datos en la nube, el análisis predictivo y la construcción de modelos de inteligencia artificial. Además, al ser diseñados para soportar la concurrencia y el paralelismo, estos lenguajes permiten a los desarrolladores escribir código que pueda ejecutarse de manera eficiente en múltiples hilos de procesamiento simultáneamente, lo que es fundamental en áreas como la simulación, la predicción y la optimización de algoritmos.

La evolución de estos lenguajes ha ido de la mano con el avance de la tecnología en IA y ciencia de datos. Mientras que lenguajes tradicionales como C o Java fueron fundamentales en la informática clásica, lenguajes más recientes como Python, R, Julia y otros han incorporado características específicas que facilitan el desarrollo de algoritmos de aprendizaje automático, procesamiento de lenguaje natural y otras aplicaciones de IA. Como señala Thompson (2019), "el surgimiento de estos lenguajes refleja una transformación en el enfoque de la programación, priorizando la accesibilidad y la capacidad para manejar datos masivos y modelos complejos" (p. 54).

Este capítulo explora cómo lenguajes modernos que han revolucionado el desarrollo de IA y el manejo de grandes volúmenes de datos. Cada uno de estos lenguajes ofrece características que los hacen adecuados para tareas de IA, desde procesamiento de datos hasta la implementación de modelos de aprendizaje profundo. La sección analizará cómo cada uno de estos lenguajes ha contribuido al crecimiento de la IA, enfatizando sus fortalezas y debilidades en el campo.

Python

Python es un lenguaje de programación de alto nivel, interpretado y de propósito general, que fue creado en 1991 por Guido van Rossum. Su diseño enfatiza la claridad y simplicidad en la sintaxis, lo cual permite que tanto programadores novatos como experimentados lo comprendan fácilmente. Según van Rossum, "Python fue creado para ser un lenguaje intuitivo que promueva el desarrollo rápido de aplicaciones, siendo accesible y fácil de leer sin sacrificar la potencia" (van Rossum, 2003, p. 12). Este enfoque hace de Python una herramienta ideal para ciencia de datos y proyectos de inteligencia artificial (IA), donde la accesibilidad y la rapidez son esenciales.

Python se ha vuelto popular en el ámbito de la ciencia de datos y la IA debido a su facilidad de aprendizaje y la posibilidad de enfocarse en el análisis de datos y la creación de modelos sin preocuparse excesivamente por aspectos técnicos del lenguaje. Tal y como destaca el autor McKinney (2017) en su obra sobre el uso de Python para el análisis de datos, "la simplicidad y la versatilidad de Python han sido factores clave en su adopción masiva en el campo de la ciencia de datos" (p. 28). Su estructura sencilla y la ausencia de una sintaxis rígida hacen de Python un lenguaje accesible, lo que ha facilitado su uso en múltiples disciplinas y lo ha convertido en el lenguaje preferido para la enseñanza de programación y ciencia de datos (Zelle, 2017, p. 43).

Sintaxis

La sintaxis de Python es minimalista, y se basa en una estructura que elimina elementos innecesarios, como los puntos y comas finales en las líneas de código, los cuales son comunes en otros lenguajes. Este diseño permite a los programadores concentrarse en la lógica de sus algoritmos en lugar de en la complejidad de la sintaxis, lo cual es esencial en el desarrollo de modelos de IA. Como señala Lutz (2013), "la estructura legible de Python facilita la colaboración en proyectos de ciencia de datos e IA, donde los equipos de trabajo necesitan comprender y modificar el código de forma rápida y eficiente" (p. 19). Esta simplicidad fomenta la modularidad y la claridad en los proyectos de gran escala, lo cual es esencial en proyectos de IA complejos que requieren colaboración interdisciplinaria.

Versatilidad y Comunidad Activa

Otro aspecto destacado de Python es su versatilidad, que le permite adaptarse a una amplia variedad de aplicaciones, desde el desarrollo web hasta la automatización de procesos y el análisis de datos. Además, Python cuenta con una comunidad activa que contribuye constantemente al desarrollo de bibliotecas y herramientas especializadas. Como menciona Grus (2019), "Python es impulsado por una comunidad extensa y colaborativa, lo que facilita la resolución de problemas y el desarrollo de bibliotecas específicas para IA y ciencia de datos" (p. 62). La comunidad activa garantiza que el lenguaje continúe evolucionando para adaptarse a las demandas emergentes de la tecnología, especialmente en áreas como IA y aprendizaje automático.

Ecosistema de Bibliotecas en Ciencia de Datos e IA

El ecosistema de bibliotecas de Python es uno de los factores más relevantes en su popularidad dentro del ámbito de la ciencia de datos y la IA. Estas bibliotecas ofrecen herramientas específicas para el análisis y manipulación de datos, la visualización y la construcción de modelos de aprendizaje automático.

NumPy y Pandas: Manipulación y Análisis de Datos

NumPy y pandas son bibliotecas fundamentales en el manejo y análisis de datos en Python. NumPy, que permite el uso de matrices y operaciones matemáticas avanzadas, es esencial para el cálculo numérico y el procesamiento de datos. Pandas, por otro lado, proporciona estructuras de datos que simplifican la manipulación y análisis de datos estructurados. Según Wes McKinney, creador de pandas, "la biblioteca pandas está diseñada para ayudar a los analistas de datos y científicos en la manipulación y limpieza de grandes volúmenes de información" (McKinney, 2017, p. 46). Estas bibliotecas son ampliamente utilizadas en ciencia de datos debido a su eficiencia y facilidad para trabajar con grandes conjuntos de datos.

Scikit-Learn: Herramienta de Aprendizaje Automático

Scikit-Learn es una biblioteca que permite implementar algoritmos de aprendizaje automático con facilidad, haciendo que Python sea accesible para aquellos que desean construir modelos predictivos. Según Pedregosa et al. (2011), "Scikit-Learn proporciona una amplia gama de herramientas de modelado, desde regresiones lineales hasta algoritmos de clustering y clasificación, permitiendo que los usuarios experimenten con diferentes métodos de aprendizaje sin necesidad de un conocimiento profundo en programación" (p. 55). La biblioteca ha sido fundamental en la popularización de Python en el ámbito del aprendizaje automático, ya que facilita el proceso de construir y evaluar modelos.

TensorFlow y PyTorch: Redes Neuronales y Aprendizaje Profundo

Las bibliotecas TensorFlow y PyTorch han consolidado a Python como el lenguaje preferido para el desarrollo de redes neuronales y aprendizaje profundo. TensorFlow, desarrollada por Google, permite el entrenamiento de modelos complejos y cuenta con soporte para ejecución en GPU, lo cual es esencial para aplicaciones de IA intensivas en datos. PyTorch, desarrollada por Facebook, se destaca por su flexibilidad y facilidad de uso, siendo ampliamente utilizada en investigación académica y proyectos experimentales. En palabras de Chollet (2018), "TensorFlow y PyTorch han democratizado el acceso al aprendizaje profundo, permitiendo que investigadores y desarrolladores implementen redes neuronales complejas con facilidad" (p. 73).

Aplicaciones Prácticas de Python en Inteligencia Artificial y Ciencia de Datos

Ejemplos en IA

Python ha sido el lenguaje de elección para una amplia variedad de aplicaciones de IA, incluyendo modelos de aprendizaje automático para análisis predictivo y procesamiento de lenguaje natural (PLN). En el ámbito del análisis predictivo, Python ha sido utilizado en el desarrollo de modelos que permiten prever tendencias de mercado, analizar datos de consumo y optimizar la toma de decisiones en tiempo real. Según Géron (2019), "Python ha facilitado la creación de modelos predictivos y su implementación en aplicaciones comerciales, permitiendo a las empresas tomar decisiones basadas en datos en lugar de suposiciones" (p. 34).

El procesamiento de lenguaje natural es otro campo donde Python ha demostrado ser fundamental, especialmente con la ayuda de bibliotecas como Natural Language Toolkit (NLTK) y spaCy. Estas herramientas permiten analizar y comprender textos en lenguaje natural, lo cual es esencial para aplicaciones de análisis de sentimientos, chatbots y traductores automáticos. Bird et al. (2009) señalan que "NLTK ha transformado el procesamiento de lenguaje natural en Python, proporcionando a los desarrolladores una plataforma para implementar y experimentar con modelos de PLN" (p. 22).

Educación y Accesibilidad

Python ha ganado popularidad como lenguaje de enseñanza en programación y ciencia de datos debido a su simplicidad y accesibilidad. A diferencia de lenguajes más complejos, Python permite a los estudiantes concentrarse en la lógica de programación y el análisis de datos sin perderse en detalles de sintaxis. Como afirman Zelle (2017) y Grus (2019), "la facilidad de aprendizaje de Python y su aplicabilidad en múltiples campos ha convertido al lenguaje en una opción ideal para instituciones educativas que desean introducir a sus estudiantes en el mundo de la programación y la ciencia de datos" (Zelle, p. 43; Grus, p. 47).

Además, debido a su versatilidad y a la gran cantidad de recursos disponibles en línea, Python es accesible para autodidactas que buscan desarrollar habilidades en IA y ciencia de datos. La gran cantidad de cursos, documentación y foros de soporte disponibles ha hecho de Python uno de los lenguajes más accesibles y utilizados para aprender y aplicar inteligencia artificial (IA). Esta accesibilidad ha sido clave para su adopción tanto por estudiantes que se inician en el campo, como por profesionales que desean incorporar la IA en sus proyectos. Python ha democratizado el acceso a la IA y a la ciencia de datos, permitiendo que personas de diversas disciplinas, desde la biología hasta la economía, puedan involucrarse en el desarrollo y la investigación de estos campos avanzados. Además, su sintaxis sencilla y su extensa biblioteca de herramientas especializadas, como TensorFlow, Scikit-learn y Pandas, proporcionan un entorno eficiente para implementar modelos y realizar análisis complejos. Como destacan Müller y Guido (2016), "la accesibilidad de Python ha permitido que personas de todas las disciplinas entren al campo de la IA y la ciencia de datos, democratizando el acceso al conocimiento en estos campos" (p. 91). Este aspecto de accesibilidad es crucial, ya que ha permitido que tanto principiantes como expertos en diversas áreas de conocimiento puedan contribuir al desarrollo de aplicaciones de IA, haciendo posible un intercambio interdisciplinario que beneficia enormemente a la investigación y la innovación.

R

R es otro lenguaje de programación que se ha ganado un lugar preeminente en el campo del análisis de datos y la estadística. A diferencia de Python, cuyo uso en IA es más general, R fue específicamente diseñado para el análisis estadístico y la visualización de datos. Creado por los estadísticos Robert Gentleman y Ross Ihaka en la década de 1990, R surgió como una respuesta a la necesidad de una herramienta más flexible y poderosa para el análisis cuantitativo. Su diseño se basa en el procesamiento estadístico avanzado, lo que lo convierte en una opción preferida para investigadores académicos y analistas de datos que necesitan realizar análisis precisos y presentar los resultados de manera clara. En su núcleo, R ofrece una amplia gama de funciones y paquetes estadísticos que permiten llevar a cabo desde simples cálculos descriptivos hasta complejas simulaciones de modelos estadísticos.

Uno de los puntos fuertes de R es su capacidad para manejar grandes volúmenes de datos y realizar visualizaciones detalladas de los resultados. Esto lo convierte en una herramienta ideal para el análisis de datos en sectores como la biomedicina, la economía y las ciencias sociales, donde los datos complejos requieren análisis rigurosos. De acuerdo con Beckerman y Petchey (2012), "R ha transformado la investigación estadística al ofrecer un lenguaje que es al mismo tiempo potente y accesible para el análisis de datos complejo" (p. 8). Esta combinación de potencia y accesibilidad ha permitido que R se convierta en una herramienta clave para aquellos que buscan realizar análisis estadísticos complejos y presentarlos de manera efectiva, ya sea en informes académicos, investigaciones científicas o aplicaciones empresariales.

Por lo tanto, mientras que Python ha dominado en áreas más generales de la inteligencia artificial y la ciencia de datos, R sigue siendo un lenguaje altamente valorado en contextos donde la estadística y la visualización de datos detallados son cruciales. Ambos lenguajes han demostrado ser complementarios en muchos aspectos, con R destacándose en tareas que requieren análisis estadísticos complejos, y Python siendo más adecuado para la implementación de algoritmos de aprendizaje automático y análisis de grandes volúmenes de datos.

R destaca principalmente en áreas donde la estadística es crucial, como en estudios de biología, epidemiología, finanzas y ciencias sociales. En estos campos, su capacidad para manejar modelos estadísticos complejos ha sido particularmente valiosa. Como menciona Kabacoff (2015), "R es ampliamente reconocido en la comunidad académica como un estándar de facto para el análisis de datos estadísticos" (p. 15). A diferencia de lenguajes como Python, que cubre múltiples campos de aplicación, R se concentra en el análisis de datos y la estadística, siendo especialmente útil en IA para tareas de minería de datos y aprendizaje automático que requieren un alto nivel de precisión en el tratamiento de datos.

Bibliotecas Destacadas en R

Una de las razones por las que R ha ganado popularidad es su extenso ecosistema de bibliotecas especializadas, las cuales proporcionan herramientas avanzadas para diversas tareas en ciencia de datos y estadística. Entre estas destacan ggplot2 y caret, que han sido ampliamente adoptadas por la comunidad académica y de ciencia de datos debido a su flexibilidad y potencia.

- **ggplot2**: Esta biblioteca, desarrollada por Hadley Wickham, se basa en el concepto de gramática de gráficos y permite la creación de visualizaciones detalladas y personalizables. Según Wickham (2016), "ggplot2 permite construir gráficos complejos mediante la combinación de elementos simples, lo cual facilita la creación de visualizaciones de datos de alta calidad" (p. 34). Gracias a esta biblioteca, los científicos de datos pueden transformar grandes conjuntos de datos en gráficos claros y significativos que facilitan la comprensión de patrones y tendencias.

- **caret**: En el campo del modelado predictivo, caret (Classification and Regression Training) ofrece un conjunto de herramientas que permite a los investigadores realizar tareas de preprocesamiento, selección de características, y ajuste de modelos. Kuhn y Johnson (2013) señalan que "caret simplifica el proceso de creación de modelos predictivos en R, proporcionando un marco coherente para implementar y comparar múltiples algoritmos de aprendizaje automático" (p. 56). Esta biblioteca es utilizada tanto en investigación como en aplicaciones comerciales, ya que ofrece soporte para una amplia variedad de modelos predictivos, lo cual resulta esencial en proyectos de IA.

Julia

Julia es un lenguaje de programación de alto rendimiento que fue creado en 2012 por Jeff Bezanson, Stefan Karpinski, Viral Shah y Alan Edelman, con el objetivo de combinar la velocidad del código compilado con la simplicidad de los lenguajes interpretados como Python y R. Como señalan Bezanson et al. (2017), "Julia fue diseñado para proporcionar la rapidez de los lenguajes de bajo nivel como C, junto con la facilidad de uso de lenguajes de alto nivel, lo cual lo hace ideal para aplicaciones científicas que requieren un procesamiento numérico intensivo" (p. 45). Esta combinación de rendimiento y simplicidad ha permitido a Julia posicionarse como una opción atractiva para proyectos en los que la velocidad de ejecución es crítica, especialmente en simulaciones científicas y aplicaciones de IA de gran escala.

La principal fortaleza de Julia radica en su capacidad para manejar cálculos intensivos con eficiencia. El lenguaje permite realizar operaciones matemáticas complejas de forma rápida, gracias a su compatibilidad con el uso de múltiples núcleos y procesamiento paralelo. Además, Julia es capaz de integrarse con otros lenguajes, lo cual permite a los científicos aprovechar sus herramientas en combinación con otros lenguajes especializados en análisis de datos. Según Edelman (2018), "Julia ofrece a los investigadores la posibilidad de construir algoritmos eficientes y escalables sin sacrificar la facilidad de desarrollo, lo cual es fundamental en campos como la IA y el aprendizaje automático" (p. 62).

Casos de Uso de Julia en IA y Ciencia de Datos

Julia ha encontrado aplicaciones notables en ámbitos científicos y de ingeniería, donde su rendimiento es esencial para la resolución de problemas complejos. Un ejemplo destacado es el uso de Julia en el modelado de sistemas de simulación científica, como en la investigación del clima y la física de partículas. Como explica Perkel (2019), "Julia ha sido adoptado en investigaciones que requieren simulaciones complejas debido a su rapidez y capacidad para manejar grandes volúmenes de datos" (p. 65). La simulación de sistemas físicos y la modelización numérica en áreas como la bioinformática y la inteligencia artificial son áreas en las que Julia ha mostrado un gran potencial.

Otro caso de uso destacado de Julia es en la industria financiera, donde el análisis de grandes volúmenes de datos en tiempo real es fundamental. Según Rackauckas et al. (2020), "Julia ha sido utilizado en aplicaciones de finanzas cuantitativas para realizar cálculos de alto rendimiento, permitiendo el procesamiento de transacciones en tiempo real y el análisis de datos financieros complejos" (p. 78). La capacidad de Julia para manejar cálculos de alta precisión lo convierte en una opción ideal para modelos de IA que requieren velocidad y precisión, como en el análisis predictivo de riesgos financieros y la detección de fraudes.

Julia también ofrece herramientas y bibliotecas especializadas para el desarrollo de redes neuronales y modelos de aprendizaje automático. Flux.jl, una biblioteca nativa de Julia para el desarrollo de redes neuronales permite a los investigadores construir modelos de aprendizaje profundo de manera eficiente y con una sintaxis simplificada. Como señalan Innes et al. (2018), "Flux.jl aprovecha las capacidades de Julia para crear modelos de aprendizaje profundo que pueden ser optimizados y ejecutados con eficiencia en aplicaciones de IA" (p. 38).

JavaScript

JavaScript es un lenguaje de programación que se ha consolidado como uno de los pilares del desarrollo web, siendo crucial para la creación de aplicaciones dinámicas y la interacción del lado del cliente. Introducido en 1995, inicialmente fue diseñado para mejorar la interacción en navegadores, y con el tiempo ha evolucionado para soportar tanto aplicaciones del lado del servidor como del cliente, en gran parte gracias a su entorno de ejecución Node.js. Según Flanagan (2020), "JavaScript es el lenguaje dominante para el desarrollo de aplicaciones web, debido a su versatilidad y a su capacidad para ejecutarse en diferentes entornos" (p. 23). Su papel en el desarrollo de IA ha surgido recientemente, conforme se han desarrollado bibliotecas especializadas que amplían su alcance más allá de las aplicaciones web tradicionales.

Bibliotecas de JavaScript para Inteligencia Artificial

En el campo de la IA, JavaScript ha comenzado a ganar terreno, principalmente debido a bibliotecas como TensorFlow.js, Brain.js y Synaptic, que facilitan la implementación de modelos de aprendizaje automático directamente en el navegador o en aplicaciones de servidor. Con TensorFlow.js, desarrollado por Google, los desarrolladores pueden construir, entrenar e implementar modelos de aprendizaje profundo utilizando únicamente JavaScript. Según Sefcik (2019), "TensorFlow.js permite ejecutar modelos de aprendizaje profundo en navegadores web, democratizando el acceso a la IA sin la necesidad de conocimientos profundos de infraestructura" (p. 32). Esta capacidad abre la puerta a un amplio rango de aplicaciones de IA en dispositivos móviles y plataformas web, permitiendo a los desarrolladores integrar funcionalidades de IA de manera accesible y eficiente.

- **TensorFlow.js**: TensorFlow.js permite la ejecución de modelos de aprendizaje automático en el navegador, lo cual es útil para aplicaciones que requieren análisis en tiempo real en el cliente, como la detección de imágenes y el procesamiento de lenguaje natural. Sefcik (2019) resalta que "con TensorFlow.js, las aplicaciones pueden aprovechar el poder de la IA sin necesidad de transferir datos a servidores externos, lo que mejora la privacidad y la eficiencia" (p. 38).

- **Brain.js**: Brain.js es una biblioteca ligera que simplifica el uso de redes neuronales en JavaScript. Utilizada en el contexto de aplicaciones web, permite a los desarrolladores construir modelos de predicción y clasificación sin profundos conocimientos en algoritmos de aprendizaje automático. Según Williams (2018), "Brain.js ofrece una interfaz amigable para desarrolladores, lo cual facilita la integración de redes neuronales en aplicaciones web y móviles" (p. 42).

Aplicaciones de JavaScript en Inteligencia Artificial

JavaScript, en combinación con sus bibliotecas de IA, ha permitido una nueva gama de aplicaciones en los navegadores web, lo cual se ha traducido en experiencias de usuario más personalizadas y en aplicaciones que realizan procesamiento avanzado sin requerir servidores de alto rendimiento. Un ejemplo notable es la detección de gestos a través de la cámara, utilizada en aplicaciones interactivas de educación y entretenimiento. Como indica Pollock (2021), "JavaScript ha permitido que desarrolladores integren algoritmos de IA en aplicaciones del lado del cliente, lo cual habilita la creación de experiencias interactivas sin sobrecargar la infraestructura del servidor" (p. 51). Además, en el contexto de plataformas de comercio electrónico, la integración de

JavaScript con IA facilita recomendaciones de productos y la personalización de la experiencia de compra, aprovechando el procesamiento en tiempo real para mejorar la interacción con el usuario.

Ruby

Ruby es un lenguaje de programación dinámico y de alto nivel que se destaca por su simplicidad y facilidad de uso, especialmente en el desarrollo web. Creado por Yukihiro Matsumoto en 1995, Ruby fue diseñado para mejorar la productividad del programador y priorizar la legibilidad del código sobre el rendimiento. Según Matsumoto (2014), "Ruby es un lenguaje enfocado en la simplicidad y productividad, donde la programación se vuelve un proceso de creación natural" (p. 7). Aunque históricamente ha sido asociado principalmente con el desarrollo web, especialmente a través del marco de trabajo Ruby on Rails, en los últimos años ha comenzado a encontrar aplicaciones en el ámbito de la IA, apoyado por su comunidad y la aparición de nuevas bibliotecas.

Bibliotecas de Ruby para Inteligencia Artificial

Ruby cuenta con un ecosistema de bibliotecas más limitado en comparación con Python o JavaScript, pero aún así dispone de herramientas que permiten implementar modelos de IA en aplicaciones. Destacan ruby-fann y SciRuby, dos bibliotecas que facilitan el desarrollo de redes neuronales y análisis de datos, respectivamente, y que han contribuido a que Ruby sea considerado en proyectos que requieren capacidades de IA.

- **ruby-fann**: Basada en la biblioteca de redes neuronales Fast Artificial Neural Network (FANN), ruby-fann permite a los desarrolladores implementar redes neuronales simples en Ruby. Esta biblioteca ha sido empleada en aplicaciones de reconocimiento de patrones y clasificación básica. Según Benson y Jones (2017), "ruby-fann proporciona una puerta de entrada al aprendizaje automático para desarrolladores de Ruby, permitiendo experimentar con redes neuronales en aplicaciones sencillas" (p. 43).

- **SciRuby**: SciRuby es una colección de bibliotecas orientadas al análisis de datos, similar a pandas en Python. Con SciRuby, los desarrolladores pueden realizar análisis estadísticos y de series temporales, lo cual es útil en aplicaciones de ciencia de datos y proyectos de IA que no requieren un alto grado de complejidad en el modelado. Tal y como lo explica Rommel (2019), "SciRuby permite a los desarrolladores de Ruby realizar tareas de análisis de datos sin necesidad de cambiar a un lenguaje especializado como Python" (p. 60).

Casos de Uso de Ruby en Inteligencia Artificial

Ruby ha sido utilizado en aplicaciones de IA principalmente en entornos de desarrollo web, donde se requiere integrar funcionalidades de IA dentro de aplicaciones existentes. Un caso destacado es el de las recomendaciones personalizadas, utilizadas en plataformas de comercio electrónico y redes sociales, en las que Ruby permite manejar la lógica de negocio y la personalización de contenido mediante algoritmos de aprendizaje automático básicos. Según Hunter (2020), "Ruby, aunque limitado en comparación con otros lenguajes, permite integrar modelos de IA en plataformas web de forma sencilla, aprovechando su sintaxis clara y su velocidad de desarrollo" (p. 28). En estos contextos, Ruby facilita la integración de capacidades de IA sin que el equipo de desarrollo deba adoptar un lenguaje completamente nuevo, lo cual es una ventaja en equipos pequeños o en aplicaciones con un ciclo de desarrollo rápido.

Futuro de los Lenguajes de Programación

Tendencias Emergentes en los Lenguajes de Programación para IA

El avance de la inteligencia artificial (IA) ha generado una demanda creciente por lenguajes de programación y herramientas que permitan el desarrollo ágil, intuitivo y eficiente de soluciones basadas en IA. En el contexto actual, la tecnología está en constante evolución, y los lenguajes de programación también deben adaptarse para satisfacer las necesidades de un entorno cada vez más automatizado. En este sentido, es fundamental entender las tendencias emergentes que moldearán el futuro de los lenguajes de programación en IA.

Aumento del Uso de Inteligencia Artificial en el Desarrollo de Software

La inteligencia artificial está cambiando profundamente la forma en que se desarrollan los lenguajes de programación, con el objetivo de hacerlos más accesibles y eficaces en el contexto de proyectos complejos. Según Boucher (2021), "los lenguajes de programación del futuro no solo facilitarán la creación de modelos de IA, sino que también integrarán capacidades de aprendizaje automático para mejorar la experiencia de desarrollo en sí misma" (p. 45). Esto se traduce en que los lenguajes modernos deben contar con características que permitan desarrollar de manera intuitiva modelos de IA sin que los desarrolladores tengan un conocimiento profundo en matemáticas avanzadas o estadística.

Por ejemplo, Python ha ganado popularidad en parte debido a su facilidad de uso y su amplia gama de bibliotecas para el desarrollo de IA, lo cual demuestra la importancia de un lenguaje accesible en un campo complejo. Así mismo, el desarrollo de herramientas como AutoML, que automatizan procesos de aprendizaje automático, sugiere una tendencia hacia la creación de interfaces de programación simplificadas, donde la IA asume una parte significativa del proceso técnico. Martin y Yost (2020) explican que "AutoML ha abierto la puerta para que expertos de diferentes áreas puedan utilizar modelos de IA sin una extensa preparación técnica en programación o análisis de datos" (p. 102).

Interoperabilidad como Pilar en Proyectos Complejos de IA

La interoperabilidad entre diferentes lenguajes y plataformas es un tema central en el desarrollo de software para IA y automatización, ya que permite integrar diversas herramientas, sistemas y entornos en un solo flujo de trabajo eficiente. En palabras de Johnson (2021), "la interoperabilidad es crucial para maximizar la productividad en proyectos complejos, ya que facilita la comunicación entre diferentes tecnologías y lenguajes de programación" (p. 63). Esta necesidad ha llevado al desarrollo de interfaces y lenguajes intermedios que permiten a los desarrolladores combinar recursos de distintos lenguajes, como Python y JavaScript, en una misma aplicación.

Una de las estrategias para lograr interoperabilidad en IA es el uso de APIs estandarizadas y bibliotecas multilenguaje, que permiten a los desarrolladores implementar y ejecutar modelos en diferentes entornos. Plataformas como TensorFlow y PyTorch se han posicionado en el mercado debido a su compatibilidad con múltiples lenguajes y frameworks, lo cual incrementa su flexibilidad y adaptabilidad. Según Lewis (2022), "la capacidad de integrar múltiples lenguajes en un solo proyecto es una tendencia que continuará creciendo, ya que cada lenguaje aporta fortalezas específicas y necesarias en el desarrollo de IA" (p. 94).

Rol de los Lenguajes de Programación en la Automatización

La automatización es una de las áreas donde los lenguajes de programación están teniendo un impacto significativo, y la tendencia es que esta influencia aumente en el futuro. En sectores como la salud, la finanza y la industria, los lenguajes de programación modernos están permitiendo automatizar tareas repetitivas y procesos complejos, lo cual ahorra tiempo y recursos y reduce la posibilidad de errores humanos.

Automatización de Tareas Repetitivas

La capacidad de los lenguajes de programación para automatizar tareas repetitivas es fundamental para mejorar la eficiencia en las empresas. Python, por ejemplo, es ampliamente utilizado para la automatización de tareas gracias a su simplicidad y su ecosistema de bibliotecas como pandas y scrapy. De acuerdo con Williams (2019), "Python ha facilitado enormemente la automatización de tareas en el sector financiero, donde es esencial analizar grandes volúmenes de datos y generar reportes precisos" (p. 75). Otro ejemplo es el sector de la salud, donde Python se utiliza para automatizar el procesamiento de imágenes médicas y la extracción de datos de pacientes, permitiendo un flujo de trabajo continuo y confiable en hospitales y clínicas.

JavaScript, en el contexto de la automatización, ha encontrado su lugar en el desarrollo web, específicamente en la personalización de la experiencia del usuario. Con tecnologías como Node.js y herramientas de procesamiento en tiempo real, se ha convertido en una herramienta fundamental para personalizar la automatización en la interacción del usuario con aplicaciones web. Según Carson (2020), "JavaScript, combinado con la automatización, está permitiendo la creación de experiencias personalizadas en tiempo real, lo cual es crucial en sectores como el comercio electrónico" (p. 83).

Automatización en la Industria

La automatización en la industria es otra área donde los lenguajes de programación modernos han revolucionado la producción y gestión de tareas. La capacidad de desarrollar sistemas de IA que optimicen y monitoricen el rendimiento en tiempo real ha permitido a las industrias reducir costos y mejorar la calidad de sus productos. Julia, un lenguaje de programación conocido por su rendimiento en aplicaciones numéricas intensivas, ha sido adoptado en entornos industriales para simulaciones complejas y optimización de procesos. Según Eriksson (2021), "Julia está ganando popularidad en la industria de la manufactura y la ingeniería por su capacidad para ejecutar cálculos complejos a alta velocidad, lo cual es esencial para aplicaciones de control y simulación" (p. 38).

En el sector logístico, lenguajes como R y Python están siendo utilizados para desarrollar modelos de optimización de rutas y pronósticos de demanda. Estos lenguajes, junto con sus bibliotecas de análisis de datos y algoritmos de optimización, permiten gestionar grandes cantidades de datos y tomar decisiones en tiempo real. Brooks y Patel (2022) argumentan que "la integración de R y Python en la logística ha permitido a las empresas mejorar la precisión de sus pronósticos y reducir costos en la cadena de suministro" (p. 57). En este sentido, la capacidad de automatizar procesos logísticos mediante lenguajes de programación ha llevado a una mayor competitividad en el mercado global.

Relevancia en Inteligencia Artificial y Aprendizaje Automático

La relevancia de estos lenguajes en IA radica no solo en sus aplicaciones actuales, sino también en cómo están moldeando el futuro de la inteligencia artificial y el aprendizaje automático. La flexibilidad y extensibilidad de estos lenguajes, así como sus comunidades activas y ecosistemas de bibliotecas, permiten desarrollar desde modelos básicos de aprendizaje automático hasta aplicaciones complejas de inteligencia artificial que impactan sectores críticos.

En el ámbito del aprendizaje automático, Python ha jugado un papel esencial. Su popularidad y facilidad de uso han permitido que se convierta en el estándar de facto en la enseñanza de IA y en la construcción de modelos de aprendizaje automático. Según Marti (2022), "Python ha facilitado el acceso al aprendizaje automático, ya que permite que desarrolladores y estudiantes puedan construir modelos de manera relativamente simple utilizando bibliotecas bien documentadas como scikit-learn y TensorFlow" (p. 120). Además, herramientas como Jupyter Notebook han potenciado el uso de Python para análisis de datos y desarrollo de IA, permitiendo a los desarrolladores visualizar resultados en tiempo real, lo cual es clave para la experimentación y el ajuste de modelos.

En el contexto del análisis predictivo, R continúa siendo una opción sólida, particularmente en aplicaciones donde se requiere un análisis estadístico profundo y una visualización de datos robusta. Los científicos de datos en instituciones financieras y gubernamentales suelen utilizar R para crear modelos predictivos que anticipan tendencias en mercados financieros y patrones de consumo. Según Brose (2021), "el poder estadístico de R, combinado con su capacidad de generar visualizaciones claras y precisas, lo convierte en una herramienta insustituible para el análisis predictivo en grandes volúmenes de datos" (p. 89).

Julia, por su parte, está comenzando a ser adoptada en áreas donde la velocidad y el rendimiento son fundamentales. En investigaciones de biología computacional y física teórica, Julia ha permitido la creación de modelos de simulación detallados y complejos. Esto se debe a su capacidad para ejecutar cálculos numéricos y operaciones matemáticas complejas a alta velocidad. Según López (2022), "Julia ofrece una solución de alto rendimiento para la implementación de modelos de IA en escenarios donde la eficiencia computacional es crítica, como en simulaciones científicas y procesamiento en tiempo real" (p. 102).

Contribución a la Innovación y Futuro de la IA

Estos lenguajes han desempeñado un papel fundamental en el avance de la IA, permitiendo que los desarrolladores creen soluciones innovadoras que impactan directamente en diversas áreas. Su contribución a la innovación en IA se manifiesta en la creación de aplicaciones que están cambiando la forma en que interactuamos con la tecnología y en el surgimiento de nuevos campos de investigación y aplicaciones prácticas.

Python ha sido un motor de innovación en el desarrollo de redes neuronales, procesamiento de lenguaje natural (PLN) y visión por computadora. Gracias a su compatibilidad con bibliotecas como PyTorch y OpenCV, Python ha permitido que los desarrolladores implementen modelos avanzados de PLN, lo cual ha resultado en avances en tecnologías como los asistentes virtuales y la traducción automática. En el ámbito de la visión por computadora, Python facilita el desarrollo de algoritmos de reconocimiento facial y de objetos que son utilizados en aplicaciones de seguridad, comercio minorista y entretenimiento (Russell & Norvig, 2021).

R, por otro lado, ha impulsado la innovación en áreas relacionadas con la ciencia de datos y el análisis estadístico. La capacidad de R para manejar datos complejos ha sido fundamental en el desarrollo de modelos de IA en la investigación científica, en particular en epidemiología y genética. Según Patel (2022), "R se ha convertido en un pilar en la investigación científica, permitiendo la construcción de modelos precisos y escalables para el análisis de datos complejos, especialmente en el ámbito de la salud y las ciencias sociales" (p. 134). Esta capacidad de R para modelar fenómenos complejos y trabajar con datos a gran escala lo convierte en una herramienta de IA indispensable en la investigación científica.

Julia, por su parte, está emergiendo como un lenguaje ideal para la innovación en campos donde el rendimiento y la precisión son esenciales. Los avances en áreas como la física cuántica, la ingeniería de materiales y la simulación computacional han sido posibles gracias a Julia, que permite realizar cálculos precisos en entornos complejos. Según López (2022), "la capacidad de Julia para manejar grandes volúmenes de datos con una eficiencia excepcional está abriendo nuevas oportunidades de innovación en campos científicos que requieren de un alto rendimiento computacional" (p. 106).

Futuro del Desarrollo de Lenguajes en IA

Tendencias Emergentes

La evolución de los lenguajes de programación para inteligencia artificial (IA) está siendo impulsada por la creciente demanda de aplicaciones innovadoras, eficientes y escalables. Esta tendencia ha dado lugar a desarrollos en lenguajes híbridos y capacidades generativas avanzadas, adaptándose mejor a las complejas necesidades del desarrollo de IA y del procesamiento de datos en tiempo real.

Lenguajes Híbridos

Los lenguajes híbridos están surgiendo como una respuesta a las limitaciones de los paradigmas tradicionales de programación, al combinar características de distintos enfoques para brindar a los desarrolladores más flexibilidad y optimización en sus aplicaciones. Este tipo de lenguajes permite a los desarrolladores implementar IA y análisis de datos de manera más ágil y personalizada. Un ejemplo relevante es Swift for TensorFlow, una extensión del lenguaje Swift de Apple, adaptada para trabajar con TensorFlow, un framework de aprendizaje automático. Al respecto, Bengio (2020) comenta que "los lenguajes híbridos como Swift for TensorFlow permiten a los desarrolladores combinar control de bajo nivel con el manejo de datos de alto nivel, facilitando el desarrollo de algoritmos eficientes y de alto rendimiento en el ámbito de la IA" (p. 114).

Este tipo de lenguajes también está ayudando a reducir la barrera entre el desarrollo de software y la investigación en IA. Lenguajes como Julia, diseñados para ofrecer alta eficiencia en el cálculo numérico, se están adaptando para incluir bibliotecas y frameworks específicos para el aprendizaje profundo, como Flux.jl. De acuerdo con Smith (2022), "la capacidad de Julia para unificar el cálculo numérico intensivo con el aprendizaje automático a través de bibliotecas especializadas representa un avance significativo en el desarrollo de IA" (p. 210).

Inteligencia Artificial Generativa

La inteligencia artificial generativa está jugando un rol clave en la creación de contenido nuevo, basado en patrones aprendidos de grandes conjuntos de datos. Esta tecnología ha sido revolucionada por modelos como GPT (Generative Pre-trained Transformer), que son capaces de generar texto, código e incluso imágenes a partir de las entradas proporcionadas. Python ha sido el lenguaje dominante en el desarrollo de estos modelos, gracias a su extensa biblioteca de machine learning y su capacidad para manejar grandes volúmenes de datos y optimizar modelos complejos de IA.

La importancia de estos lenguajes en la creación de modelos generativos es cada vez mayor. Los frameworks basados en Python, como Hugging Face Transformers, han facilitado el uso y personalización de modelos generativos, permitiendo a los desarrolladores adaptar modelos como GPT-3 a aplicaciones específicas. Según López (2021), "los modelos generativos como GPT-3 están transformando la manera en que interactuamos con la información y generan posibilidades antes impensadas en campos como la automatización y la creación de contenido" (p. 89). La flexibilidad de lenguajes como Python en este ámbito permite integrar capacidades generativas avanzadas en múltiples aplicaciones comerciales y de investigación.

Integración con Otras Tecnologías

Colaboración con Hardware Especializado

Los desarrollos recientes en IA también han impulsado la necesidad de hardware especializado, como GPUs (unidades de procesamiento gráfico) y TPUs (unidades de procesamiento tensorial), que optimizan el procesamiento en paralelo para cálculos intensivos en aprendizaje automático y redes neuronales profundas. Para aprovechar al máximo este hardware, los lenguajes de programación están evolucionando para ofrecer una integración más fluida. Python, en particular, se ha destacado con bibliotecas como CUDA y PyTorch, que facilitan el acceso a GPUs y TPUs para el entrenamiento rápido de modelos de IA. Patel (2020) afirma que "la capacidad de integración con GPUs es fundamental en el campo de la IA moderna, ya que permite entrenar modelos complejos en tiempos considerablemente más cortos" (p. 132).

Además, Julia ha avanzado en este campo al permitir que sus programas se ejecuten en GPUs de forma nativa, lo cual resulta atractivo para aplicaciones científicas y académicas. Este lenguaje ha demostrado ser particularmente útil en proyectos que requieren simulaciones complejas o cálculos numéricos de alta precisión, como los que se llevan a cabo en astrofísica y biomedicina. Según Brose (2021), "la integración de Julia con hardware especializado está acelerando el tiempo de desarrollo y permitiendo que proyectos científicos complejos sean viables en entornos de tiempo real" (p. 74).

Uso en Entornos Distribuidos

La IA moderna no solo requiere hardware potente, sino también infraestructuras de software que permitan una implementación y despliegue escalable. Lenguajes como Python están ampliando sus capacidades para facilitar la computación distribuida, permitiendo que múltiples máquinas colaboren en la resolución de problemas complejos y en la ejecución de modelos de aprendizaje profundo en la nube. Bibliotecas como Dask y Ray, desarrolladas en Python, han permitido que los desarrolladores puedan gestionar grandes volúmenes de datos y distribuir el procesamiento de tareas intensivas en recursos de manera efectiva. Según Eriksson (2021), "el uso de la computación distribuida en IA se está convirtiendo en un estándar para el entrenamiento de modelos de gran escala, permitiendo a los desarrolladores aprovechar la capacidad de la nube para reducir los tiempos de procesamiento y escalar sus soluciones de IA de manera eficiente" (p. 95).

Esta evolución en la computación distribuida también facilita la colaboración interdisciplinaria y el trabajo remoto, ya que los desarrolladores pueden ejecutar y entrenar modelos desde ubicaciones geográficas distintas, utilizando plataformas en la nube como Google Cloud AI y Amazon SageMaker. Este tipo de integración con tecnologías de nube amplía las posibilidades de desarrollo y despliegue de modelos de IA en sectores como la atención médica, la finanza y la educación.

Educación y Formación

Aumento del Interés Académico

A medida que la IA se convierte en un área central en la investigación y en la industria, las universidades de todo el mundo están incorporando lenguajes como Python, R y Julia en sus programas académicos para ciencia de datos e inteligencia artificial. Estos lenguajes se han convertido en herramientas estándar para enseñar conceptos de estadística avanzada, aprendizaje automático y análisis de datos en entornos académicos. Según Marti (2022), "Python y R se destacan como lenguajes de entrada en cursos de ciencia de datos, debido a su accesibilidad y a la amplia gama de bibliotecas disponibles que simplifican el aprendizaje y la aplicación de modelos de IA" (p. 57). Este enfoque permite que estudiantes e investigadores se familiaricen con las herramientas más utilizadas en la industria y en la investigación.

La accesibilidad de estos lenguajes también ha promovido su uso en educación en línea, con plataformas como Coursera, edX y Khan Academy, que ofrecen cursos gratuitos y de pago en Python, R y Julia orientados a la ciencia de datos y la inteligencia artificial. Esto facilita que personas de distintas disciplinas y niveles de experiencia puedan aprender y aplicar conocimientos de IA de manera autodidacta. Patel (2021) destaca que "la accesibilidad de lenguajes como Python y la disponibilidad de recursos de aprendizaje en línea han democratizado el acceso al aprendizaje automático y la IA, impulsando el crecimiento de una comunidad diversa de desarrolladores e investigadores" (p. 102).

Recursos Accesibles

El aprendizaje continuo es esencial en un campo tan dinámico como la IA. La comunidad de desarrolladores ha creado un ecosistema extenso de recursos, desde documentación detallada hasta foros y tutoriales en línea, que facilita la adquisición de habilidades en estos lenguajes. Bibliotecas de Python como scikit-learn, TensorFlow y pandas cuentan con una documentación exhaustiva, lo cual permite a los estudiantes y profesionales entender y aplicar algoritmos complejos con relativa facilidad. Además, comunidades de código abierto en GitHub, Stack Overflow y Reddit actúan como plataformas de colaboración donde los desarrolladores pueden compartir soluciones y mejorar continuamente sus habilidades. Según López (2022), "las comunidades de código abierto han creado un ecosistema de apoyo que facilita el aprendizaje de IA y permite a los desarrolladores resolver problemas y adaptar sus aplicaciones a nuevas tecnologías de forma rápida y eficiente" (p. 107).

Conclusión

La historia del software y de los lenguajes de programación es, en muchos sentidos, una historia del progreso humano en la comprensión y utilización de sistemas complejos. Desde los primeros conceptos de numeración binaria propuestos por Pingala en el siglo III a.C., el viaje hacia la creación de la informática moderna ha sido una sucesión de avances intelectuales y técnicos que han marcado el desarrollo de la sociedad. Pingala introdujo un sistema de representación que más tarde sería formalizado por pensadores como Gottfried Wilhelm Leibniz, quien, en el siglo XVII, estableció las bases matemáticas para el sistema binario moderno. Su visión fue pionera al mostrar cómo los conceptos binarios podían representar información compleja, lo cual sentó las bases para el procesamiento de datos en máquinas.

Con el tiempo, los fundamentos matemáticos y lógicos que surgieron a partir del trabajo de Leibniz, George Boole y otros pioneros permitieron la creación de máquinas capaces de realizar cálculos de forma autónoma. Boole, en particular, aportó un sistema lógico que hoy conocemos como álgebra booleana, clave para el desarrollo de circuitos electrónicos y, eventualmente, de computadoras. Este conocimiento fue refinado en el siglo XX por Alan Turing, quien propuso la noción de una "máquina universal" capaz de realizar cualquier cálculo computable, lo cual fue decisivo en el desarrollo de las primeras computadoras y en el inicio de la programación.

La aparición de los primeros lenguajes de programación, como FORTRAN, COBOL y BASIC, marcó una nueva era. FORTRAN, desarrollado en la década de 1950, se destacó por ser el primer lenguaje de alto nivel ampliamente adoptado, diseñado para facilitar cálculos científicos y matemáticos. COBOL, por su parte, surgió con el propósito de hacer que la programación fuera más accesible para el sector empresarial, permitiendo gestionar datos comerciales de manera eficiente. BASIC, nacido en los años 60, ofreció una interfaz de programación sencilla y accesible para estudiantes, democratizando el aprendizaje de programación y allanando el camino para una mayor inclusión en la informática.

A medida que la tecnología avanzaba, los lenguajes de programación evolucionaron para adaptarse a entornos y necesidades cada vez más complejas. Con la llegada de Python y R en el contexto de la ciencia de datos, y de Julia en el ámbito de los cálculos numéricos intensivos, los lenguajes de programación comenzaron a especializarse y a formar ecosistemas específicos para diferentes áreas. La versatilidad de Python y sus bibliotecas, como TensorFlow y scikit-learn, lo convirtieron en una herramienta clave para el desarrollo de inteligencia artificial, análisis de datos y aplicaciones de machine learning, mientras que R se consolidó como el lenguaje preferido en el ámbito académico y estadístico, ofreciendo herramientas potentes para la visualización y análisis de datos.

En los últimos años, la integración de lenguajes con tecnologías avanzadas y el desarrollo de arquitecturas distribuidas han llevado a la programación a nuevas fronteras, impulsando aplicaciones de IA a gran escala y optimizando la colaboración entre hardware y software. La aparición de lenguajes híbridos, el uso de computación en la nube y el desarrollo de IA generativa han facilitado la creación de aplicaciones capaces de automatizar procesos, interactuar con los usuarios de manera natural y aprender de datos en tiempo real, lo cual promete revolucionar sectores como la educación, la medicina, y la investigación científica.

En conclusión, el viaje desde los conceptos de representación binaria hasta los lenguajes modernos de IA refleja no solo un avance tecnológico, sino también un cambio en la manera en que la humanidad interactúa con la información y con sus propias creaciones. Los lenguajes de programación han evolucionado de herramientas básicas de cálculo a sistemas complejos que modelan y predicen comportamientos en el mundo real, con aplicaciones que siguen expandiéndose día a día. La comprensión de esta evolución es esencial para apreciar el papel del software en la sociedad moderna, un papel que seguirá creciendo a medida que los lenguajes de programación y las tecnologías asociadas continúen adaptándose a las necesidades cambiantes del mundo.

Bibliografía

Abelson, H., & Sussman, G. (1996). *Structure and Interpretation of Computer Programs.* Cambridge: MIT Press.

Aho, A., Lam, M., Ravi, S., & Ullman, J. (2006). *Compilers: Principles, Techniques, and Tools.* Boston: Pearson.

Aspray, W. (1990). *John von Neumann and the Origins of Modern Computing.* Cambridge: MIT Press.

Backus, J. (1978). Can Programming Be Liberated from the von Neumann Style? A Functional Style and Its Algebra of Programs. *Communications of the ACM*, 613–641.

Baecker, R., & Buxton, W. (1987). *Readings in Human-Computer Interaction: A Multidisciplinary Approach.* San Francisco: Morgan Kaufmann.

Beckerman, A., & Petchey, O. (2012). *Getting Started with R: An Introduction for Biologists.* Oxford: Oxford University Press.

Bengio, Y. (2020). *Deep Learning Frameworks and Hybrid Languages.* MIT Press.

Benson, C., & Jones, M. (2017). *Neural Networks with ruby-fann.* Apress.

Bezanson, J., Karpinski, S., Shah, V. B., & Edelman, A. (2017). Julia: A Fresh Approach to Numerical Computing. *SIAM Review*, 65–98.

Bird, R., & Wadler, P. (1988). *Introduction to Functional Programming.* Prentice Hall.

Bird, S., Klein, E., & Loper, E. (2009). *Natural Language Processing with Python.* O'Reilly Media.

Booch, G. (2007). *Object-Oriented Analysis and Design with Applications.* Addison-Wesley.

Boucher, L. (2021). *The Future of Programming in AI.* O'Reilly Media.

Brooks, T., & Patel, R. (2022). *Data Science and Logistics: Optimizing the Supply Chain with AI and Programming.* Springer.

Brookshear, G. (2018). *Computer Science: An Overview.* Harlow: Pearson.

Brookshear, G., & Brylow, D. (2014). *Computer Science: An Overview.* Harlow: Pearson.

Brose, D. (2021). *Advanced Scientific Computing with Julia.* Springer.

Brose, D. (2021). *Statistical Computing with R: A Comprehensive Guide.* MIT Press.

Burton, T. (2018). *The History of COBOL: A Business Language That Stands the Test of Time.* New York: Historical Press.

Carson, E. (2020). *JavaScript for Web Automation.* No Starch Press.

Ceruzzi, P. (2003). *A History of Modern Computing.* Cambridge: MIT Press.

Ceruzzi, P. (2012). *Computing: A Concise History.* Cambridge: MIT Press.

Chollet, F. (2018). *Deep Learning with Python.* Manning Publications.

Clements, J. (2013). *The Little Schemer.* Cambridge: MIT Press.

Couturat, L. (1903). *La logique de Leibniz d'après des documents inédits.* Paris: Alcan.

Dijkstra, E. (1972). *Notes on Structured Programming.* New York: Academic Press.

Edelman, A. (2018). *The Power of Julia for High-Performance Technical Computing.* Cambridge: MIT Press.

Eriksson, H. (2021). *Distributed Machine Learning in Practice.* Packt Publishing.

Eriksson, H. (2021). *High-Performance Computing with Julia.* Packt Publishing.

Evans, C. (2011). *The Making of BASIC: An Educational Milestone.* London: Edutech Press.

Flanagan, D. (2020). *JavaScript: The Definitive Guide.* O'Reilly Media.

Forouzan, B. (2013). *Data Communications and Networking.* New York: McGraw-Hill Education.

Fowler, M. (2004). *UML Distilled: A Brief Guide to the Standard Object Modeling Language.* Boston: Addison-Wesley.

Franco, A. (2008). Uno más uno son diez: recursos didácticos para la enseñanza y aprendizaje de los números binarios en educación secundaria . *Educación Matemática*, 103-120.

Gamma, E., Helm, R., Johnson, R., & Vlissides, J. (1994). *Design Patterns: Elements of Reusable Object-Oriented Software.* Addison-Wesley.

Géron, A. (2019). *Hands-On Machine Learning with Scikit-Learn, Keras, and TensorFlow.* O'Reilly Media.

Ghezzi, C., & Jazayeri, M. (1997). *Programming Language Concepts.* New York,: John Wiley & Sons.

Ghezzi, C., Jazayeri, M., & Mandrioli, D. (2002). *Fundamentals of Software Engineering.* Prentice Hall.

Gonzalez, R., & Woods, R. (2018). *Digital Image Processing .* New York: Pearson.

Gregory, J. (2014). *Game Engine Architecture.* Boca Raton: CRC Press.

Grus, J. (2019). *Data Science from Scratch: First Principles with Python.* O'Reilly Media.

Hennessy, J., & Patterson, D. (2012). *Computer Architecture: A Quantitative Approach.* Waltham: Morgan Kaufmann.

Horstmann, C., & Cornell, G. (2013). *Core Java Volume I--Fundamentals.* Prentice Hall.

Hudak, P. (1989). Conception, Evolution, and Application of Functional Programming Languages.

Hughes, J. (1990). *Why Functional Programming Matters.* University of Glasgow.

Hunter, J. (2020). *Ruby for AI and Data Science.* No Starch Press.

Ifrah, G. (2001). *The Universal History of Numbers: From Prehistory to the Invention of the Computer.* New York: John Wiley & Sons.

Innes, M., Saba, E., Fischer, K., Gandhi, D., Rudilosso, M., Joy, N., & Rackauckas, C. (2018). Flux.jl – A Machine Learning Library for Julia. *Journal of Open Source Software*, 602.

Jimenez, J. (2008). *Matematicas para la Computacion .* Alfaomega.

Johnson, M. (2021). *Programming Across Borders: The Power of Interoperability.* Pragmatic Bookshelf.

Joseph, G. G. (2000). *The Crest of the Peacock: Non-European Roots of Mathematics.* Princeton: Princeton University Press.

Kabacoff, R. I. (2015). *R in Action: Data Analysis and Graphics with R.* Shelter Island: Manning Publications.

Kleppmann, M. (2017). *Designing Data-Intensive Applications.* O'Reilly Media.

Knuth, D. (1997). *The Art of Computer Programming, Volume 1: Fundamental Algorithms.* Addison-Wesley.

Knuth, D. E. (1997). *The Art of Computer Programming: Volume 1: Fundamental Algorithms.* Boston: Addison-Wesley.

Kuhn, M., & Johnson, K. (2013). *Applied Predictive Modeling.* New York: Springer.

Lambert, D. (2015). *Supply Chain Management: Processes, Partnerships, Performance.* Ponte Vedra Beach: Supply Chain Management Institute.

Larman, C. (2001). *Applying UML and Patterns: An Introduction to Object-Oriented Analysis and Design and Iterative Development.* Prentice Hall.

Lee, J., & Widmaier, P. (2009). *The Computer Pioneers: COBOL and the Beginnings of Modern Programming.* Chicago: University of Chicago Press.

Lee, T. (2018). *Programming Paradigms and the Evolution of Software Design.* Boston: MIT Press.

Leibniz, G. W. (1703). *Explication de l'Arithmétique Binaire.* Paris: Journal des Sçavans.

Lewis, R. (2022). *Multilanguage AI Development: Integrating Python, R, and More for Machine Learning.* Apress.

López, A. (2022). *Advanced Numerical Computing with Julia.* Springer.

López, A. (2022). *Open Source and Community-Driven AI Development.* O'Reilly Media.

Lutz, M. (2013). *Learning Python.* O'Reilly Media.

Marti, R. (2022). *Python for Data Science and Machine Learning.* Pearson.

Marti, R. (2022). *Python and Machine Learning: From Data to Intelligence.* O'Reilly Media.

Martin, D., & Yost, S. (2020). *Automated Machine Learning: Concepts and Applications.* Addison-Wesley.

Matsumoto, Y. (2014). *Ruby: A Programmer's Best Friend.* Addison-Wesley.

McCracken, D. (1961). *A Guide to Fortran Programming.* New York: John Wiley & Sons.

McKinney, W. (2017). *Python for Data Analysis: Data Wrangling with Pandas, NumPy, and IPython.* O'Reilly Media.

McMillan, R. (2006). *The Business of Programming: The Story of COBOL.* New York: Business Heritage Books.

Morris, M., & Ma, A. (2015). *Digital Design: Principles and Practices.* Upper Saddle River: Pearson.

Müller, A., & Guido, S. (2016). *Introduction to Machine Learning with Python: A Guide for Data Scientists.* O'Reilly Media.

Muller, J. (2020). *Concurrent Programming: Concepts and Techniques for Software Development.* New York: Wiley.

Murray, C. (2013). *From Dartmouth to the World: The Story of BASIC and the Rise of Educational Computing.* New York: Educational Insights.

Odersky, M. (2004). *Programming in Scala.* Artima Inc.

Patel, S. (2021). *AI and Data Science Education in the Digital Era.* Springer.

Patel, S. (2022). *Innovations in Data Science: R for Scientific Research and Applications.* Springer.

Patterson, D., & Hennessy, J. (2013). *Computer Organization and Design: The Hardware/Software Interface.* Ámsterdam: Morgan Kaufmann.

Patterson, D., & Hennessy, J. (2013). *Computer Organization and Design: The Hardware/Software Interface.* Ámsterdam: Morgan Kaufmann.

Pedregosa, F., & al, e. (2011). Scikit-learn: Machine Learning in Python. *ournal of Machine Learning Research*, 2825–2830.

Perkel, J. M. (2019). Julia: Come for the Syntax, Stay for the Speed. *Nature*, 137–138.

Petzold, C. (2016). *Code: The Hidden Language of Computer Hardware and Software.* Redmond: Microsoft Press.

Pollock, S. (2021). *Artificial Intelligence with JavaScript.* Manning Publications.

Pressman, R. (2014). *Software Engineering: A Practitioner's Approach.* New York: McGraw-Hill.

Rackauckas, C., & al., e. (2020). *High-Performance Computing in Julia for Scientific Research.* Cambridge: MIT Press.

Rommel, T. (2019). *Data Science with SciRuby: A Guide for Ruby Developers.* Packt Publishing.

Rossum, G. V. (2003). *The Python Language Reference Manual.* Bristol: Network Theory Ltd.

Rossum, G. V. (2020). *The Python Language Reference.* Python Software Foundation.

Russell, B. (1945). *A History of Western Philosophy.* New York: Simon & Schuster.

Russell, S., & Norvig, P. (2021). *Artificial Intelligence: A Modern Approach.* Pearson.

Sammet, J. (1981). *Programming Languages: History and Fundamentals.* Englewood Cliffs: Prentice-Hall.

Sarma, K. (2000). *Science in Ancient India: Contribution of India's Astronomers and Mathematicians.* New Delhi: National Book Trust.

Scott, M. (2009). *Programming Language Pragmatics.* Burlington: Kaufmann.

Scott, M. (2019). *Programming Language Pragmatics.* Cambridge: MIT Press.

Sebesta, R. (2016). *Concepts of Programming Languages.* Harlow: Pearson.

Sefcik, J. (2019). *Deep Learning with JavaScript.* Springer.

Shannon, C. (1937). *A Symbolic Analysis of Relay and Switching Circuits (Master's thesis).* Cambridge: Massachusetts Institute of Technology.

Stallings, W. (2015). *Computer Organization and Architecture: Designing for Performance.* Harlow: Pearson.

Stroustrup, B. (2013). *The C++ Programming Language.* Addison-Wesley.

Syme, D., Granicz, A., & Cisternino, A. (2012). *Expert F# 3.0.* Apress.

Tanenbaum, A. (2013). *Structured Computer Organization.* Boston: Pearson.

Tedre, M. (2015). *The Science of Computing: Shaping a Discipline.* Boca Raton: CRC Press.

Thompson, R. (2019). *Programming for the Future: A Guide to Modern Languages.* Tech Innovations.

Tucker, A. (2004). *Computer Science Handbook.* Boca Raton: CRC Press.

Wadler, P. (1992). The Essence of Functional Programming. *Proceedings of the 19th ACM SIGPLAN-SIGACT Symposium on Principles of Programming Languages.*

Wegner, P. (2014). *Data Structures and Programming Technique.* Addison-Wesley.

Weik, M. (2000). *A Survey of Domestic and Foreign Applications of COBOL.* Los Angeles: Technology Survey Press.

Williams, F. C., & Kilburn, T. (1951). *A Storage System for Use with Binary-Digital Computing Machines.* Manchester: University of Manchester Press.

Williams, K. (2018). *Brain.js: A Guide to Neural Networks in JavaScript.* Pragmatic Bookshelf.

Williams, S. (2019). *Automation with Python: Applications in Finance and Beyond.* Manning Publications.

Williams, S. (2020). *Understanding Computer Science for Advanced Level.* London: homas Nelson & Sons.

Wing, J. (2016). *Traffic Management Systems: Evolution and Implementation.* London: Springer.

Zelle, J. (2017). *Python Programming: An Introduction to Computer Science.* Portland: Franklin, Beedle & Associates Inc.